Bernhard Beck

Kirche ein Sanatoriumsfall?

Bernhard Beck

Kirche ein Sanatoriumsfall?

Die Kirche in einer schwersten Krise.

Fromm Verlag

Impressum/Imprint (nur für Deutschland/ only for Germany)
Bibliografische Information der Deutschen Nationalbibliothek: Die Deutsche Nationalbibliothek verzeichnet diese Publikation in der Deutschen Nationalbibliografie; detaillierte bibliografische Daten sind im Internet über http://dnb.d-nb.de abrufbar.

Coverbild: www.ingimage.com

Verlag: Der Fromm Verlag ist ein Imprint der
VDM Publishing House Ltd.,17 Rue Meldrum, Beau Bassin,1713-01 Mauritius
Website: www.frommverlag.de
Email: info@frommverlag.de

Gedruckt in USA, UK, Deutschland. Dieses Buch wurde nicht in Mauritius produziert

Imprint (only for USA, GB)
Bibliographic information published by the Deutsche Nationalbibliothek: The Deutsche Nationalbibliothek lists this publication in the Deutsche Nationalbibliografie; detailed bibliographic data are available in the Internet at http://dnb.d-nb.de .

Publisher:
Fromm Verlag is an imprint of the publishing house
VDM Publishing House Ltd.,17 Rue Meldrum, Beau Bassin,1713-01 Mauritius
Website: www.frommverlag.de
Email: info@frommverlag.de

Printed in: U.S.A., U.K., Germany. This book was not produced in Mauritius.

ISBN: 978-3-8416-0043-1

„Richtet euch nach ihren Vorschriften! Folgt aber nicht ihrem Beispiel! Denn sie selber tun nicht, was sie von den anderen verlangen. Sie bürden den Menschen unerträgliche Lasten auf, doch sie selbst rühren keinen Finger, um diese Lasten zu tragen. Mit allem, was sie tun, stellen sie sich zur Schau. Am Arm tragen sie breite Gebetsriemen und an den Gewändern riesige Quasten“ (Matthäus 23, Verse 3-5).

VORWORT

Selbst wenn die Kirche die Moral erfunden hätte, wäre sie sich selbst ein schlechtes Vorbild in der gesamten Geschichte. Wer von der Kanzel herab die Zehn Gebote und die Liebe Gottes predigt, kann tief fallen. Für Geistliche gilt: Sie müssen sich an ihren hohen moralischen Ansprüchen messen lassen. Die Kirche ist tief in Lüge verstrickt. Lüge, Stolz und Selbstgerechtigkeit sind ein unzertrennliches Geschwisterpaar. So glaubt der Moralist, er könne unabhängig von Gott aus eigener Kraft gut sein, wo doch alle Güte und Barmherzigkeit in Gott ist. Die Moralisten geben etwas vor, was sie nicht sind. Sie meinen rein zu sein und unterschätzen ihr tatsächliches Abbild. Sie glauben, anderen gegenüber einen Vorsprung zu haben und sehen sich selbst als Opfer ihrer eigenen Lüge, ihres Selbstbetruges und vor allem ihrer Machtausübung.

Jeder Mensch, der handelt, stellt sich vor den Begriff der Verantwortung, das bedeutet, er muss sich für eventuelle Folgen seines Handelns rechtfertigen und verantworten. Voraussetzung dafür ist, dass der Mensch zurechnungsfähig ist, da ihm seine gegenwärtige Situation und die Folgen seines Handelns bewusst sein müssen. Wenn wir doch Geschöpfe Gottes sind, wie kann Gott etwas Böses schaffen? Natürlich - es gibt immer tolle Ausreden der Theologen, ja, das ist ja gerade auch die Tätigkeit der Theologen, Ausreden zu konstruieren für die Unglaublichkeiten, die einfach gegen jede Vernunft sind? Wäre es nicht einfacher zu sagen: Der Mensch ist tatsächlich gut erschaffen - doch die, die ihm dann die Moral beibringen, nach der er konkret zu leben hat, die taugen nichts. Aber natürlich - das sind ja dieselben, die auch begründen, warum Gott hier doch einen Fehler gemacht hat. Und vor allem: Was unterstellen wir eigentlich Gott, wenn wir behaupten, dass er Fehlerhaftes erschafft?

Und wenn dann noch von Seiten von Kirchenleuten sexueller Missbrauch geschieht, so können wir das durchaus in einem größeren Zusammenhang sehen. Die Kirche muss sich in Demut üben. Denn der Demütige kennt seine Grenzen und Schwächen.

Bernhard Beck

<u>SEXUALITÄT IST EINE GUTE GABE GOTTES</u>

In diesem Kapitel geht es zur Sache. Sexualität steht in einer Spannung zwischen Ärgernis und Selbstverständlichkeit, Provokation und Bereicherung.

Der Weg, die eigene Sexualität sowohl auch als katholischer Priester als ein lustvolles Erlebnis begreifen zu können, ist von mächtigen Brocken einer Sexualfeindlichkeit versperrt. Wer einer gesunden Sexualität ablehnend gegenübersteht, ist nach meiner Ansicht sexualfeindlich. **Sexualität ist eine Schöpfung Gottes und ist als eine Gute Gabe anzuschauen.** Sie ist ein natürlicher biologischer Trieb. Aus religiösen Gründen gewählte Ehelosigkeit. („um des Himmelreiches willen"), verbunden mit Keuschheit und Jungfräulichkeit (bei Priestern, Angehörigen von Orden und Instituten des geweihten Lebens) auf Sexualität zu verzichten, blockiert die katholische Kirche eine Möglichkeit Liebe auszudrücken. In seinem ganzen Sein ist der Mensch von seiner Geschlechtlichkeit geprägt und kann dieses nicht einfach so abstreifen. Auch der geweihte katholische Priester und die Angehörigen von Orden werden immer und überall als der menschliche Mann und Frau konfrontiert. Die katholische Kirche verachtet alles Biologische als Minderwertig und die Sexualität ganz besonders. Katholische Ordensleute und Priester leben Zölibatär und werden immer wieder in Skandale wie sexueller Missbrauch von Kindern, seelische Vergewaltigungen usw. verwickelt und stolpern über ihre eigene Sexualmoral.

Sexualität ist eine Gute Gabe Gottes und sie ist zugleich eine wichtige heilende Kraft. In einer gesunden Sexualität findet der Mensch letztlich Glück, Lust und Liebe. Die psychische Gesundheit eines jeden Menschen hängt daran, dass er seinen Körper annimmt und Freude an ihm hat. Der Mensch erlebt und versteht seinen Körper nur insoweit als er sich mit ihm identifiziert. Der eigene Körper ist ein Etwas, **von Gott geschaffen und gewollt**, das die Existenz in diesem Leben überhaupt erst möglich macht.

Wer Zölibatär lebt, dies zeigt sich aber schon bei Einsamen und Scheuen, geraten in die Gefahr, ihre Identität zu verlieren. Die Probleme spitzen sich bei all den Menschen zu, denen man sexuelle Erfahrungen versagt, seien es bei Behinderten, Strafgefangenen, Alte Menschen und katholische Priester und Ordensleute. Sie fühlen sich als „Null". Mit „Null" werden meint viel mehr als den chronifizierten Mangel an sexueller Befriedigung. Dies kann zu einer bedrohlichen Leere, der Verlust der eigenen Identität, der sexuellen Identität werden. Natürlich ist nicht jeder davon betroffen seine Identität zu verlieren, der Zölibatär lebt.

Wer Zölibatär lebt unterdrückt das menschliche Verlangen nach einer sexuellen Beziehung zu einem Menschen, weil es im Widerspruch zu den eigenen moralischen oder religiösen Normen in Widerspruch steht. Jemand der immer wieder seine Bedürfnisse unterdrücken muss lebt oftmals in einer inneren Anspannung, die letztlich zu einer Gefahr werden können. Die sexuelle Identität ist wohl deshalb so sehr gefährdet in der Einsamkeit, weil Sexualität immer einen zweiten Menschen beinhaltet und weil beide ergänzungsbedürftig sind und sich begegnen wollen. Die Sexualität hat mit Identität zu tun, weil Menschen in ihr die Kraft ihres eigenen Liebens entdecken und daraus Zutrauen zu sich selbst finden. Dabei machen wir die Erfahrung: „Ich kann lieben und die Liebe eines anderen Menschen wecken und auf mich ziehen." Wir brauchen die Erkenntnis, dass wir fähig sind, dem geliebten Menschen Genuss zu bereiten.

Nach allem, was wir heute wissen, ist Sexualität eine erworbene und gelernte Fähigkeit wie die Sprache und der aufrechte Gang. Jemand der seine Sexualität aus unterschiedlichen Gründen nicht leben kann und darf, besteht die Gefahr der psychischen Unterentwicklung, entstehen schwere Störungen oder die Sexualität kann sich nicht entfalten.

Auffassungen wie Werturteile, Normen und emotionale Bedeutung über Sexualität und alles, was damit zusammenhängt, sind sehr stark abhängig von der Kultur und der vorherrschenden Religion. In einer geschlossenen Gesellschaft wie Internaten, Klöster und sonstige kirchlichen und weltlichen Institutionen, in der sich die Kultur wenig ändert oder das Leben der Menschen besonders stark durch religiöse Anschauungen und strenger Ethik bestimmt wird, verändern sich die, meistens strengen, sexuellen Normen nur schwer und meist kaum. Sie repräsentieren die traditionellen, konservativen, eingeschränkten Auffassungen über Sexualität. Hierbei ist sexuelles Verhalten an eine Vielzahl von einschränkenden Regeln – an Gebote und Verbote – gebunden. Es werden viele Werturteile abgegeben, im Sinne von ***guten***, wünschenswerten Formen versus die ***schlechten***, unerwünschten Formen sexuellen Verhaltens.

Entsprechend dieser Auffassung wird Sexualität im Grunde nur innerhalb einer langjährigen Liebesbeziehung zwischen zwei Erwachsenen verschiedenen Geschlechts – vorzugsweise in ehelicher Gemeinschaft lebend – für gut befunden. Hiervon abweichende Formen sexuellen Verhaltens gelten als unerwünscht, als verabscheuungswürdig und als sündhaft. Unter die abgelehnten Formen von Sexualität fallen zum Beispiel die Homosexualität, Sex zwischen Minderjährigen, Masturbation, Sexualität unverheirateter, in „wilder Ehe" lebender Paare. Die Ehe dient nicht nur als eine Institution zur Fortpflanzung. In unserem Kulturkreis ist die Sexualität weitgehend von der Fortpflanzung entkoppelt; sie dient nicht zuerst der Zeugung von Kindern, sondern vor allem erfüllenden Erfahrung geschlechtlicher Zweisamkeit. Dies ist ein Zugewinn persönlicher Freiheit. Mehr und mehr entwickeln sich Formen des Zusammenlebens, die durch Liebe und Verantwortung füreinander geprägt sind, aber im Blick auf die Dauer die Entscheidung noch offen halten. Nach christlichem Aspekt schließen sich Freiheit und Bindung nicht aus, sondern bedingen und fördern einander.

Nach Meinung der römisch katholischen Kirche ist die Sexualität, insbesondere die Lust daran, eher eine Last als eine Leidenschaft. Die römisch katholische Kirche lädt den Menschen ungeheure Schuldkomplexe auf, indem sie ihnen immer wieder mit Schuld und ewiger Verdammnis droht. Dann erdreistet sie sich, zu behaupten, sie könne durch ihre Priester, womöglich noch durch pädophile Priester, Schuld und Sünde vergeben. ***Jesus sagte aber ihnen ein Gleichnis: „Kann auch ein Blinder einem Blinden den Weg weisen? Werden sie nicht alle beide in die Grube fallen? Der Jünger steht nicht über dem Meister; wenn er vollkommen ist, so ist er wie sein Meister. Was siehst du aber den Splitter in deines Bruders Auge, und den eigenen Balken in deinem Auge nimmst du nicht wahr? Wie kannst du sagen zu deinem Bruder: Halt still, Bruder, ich will den Splitter aus deinem Auge ziehen, und du siehst selbst nicht den Balken in deinem Auge? Du Heuchler, zieh zuerst den Balken aus deinem Auge und sieh dann zu, dass du den Splitter aus deines Bruders Auge ziehst!“***[1]

Es wird oft der Eindruck vermittelt: „Ihr seid alle Sünder und kommt womöglich in die Hölle, es sei denn, ihr unterwerft euch unseren Zeremonien“ – das ist zugleich eine seelische Erpressung. Auch die Sexualfeindlichkeit der Kirche führt zu erheblichen Problemen in der Gesellschaft, vor allem bei den katholischen Priestern.

Der Zwangszölibat hat keinerlei biblische Grundlage, sie ist eine reine kirchliche Tradition und zudem ein unnatürlicher Zustand, ein Ausdruck der Sexualfeindlichkeit der katholischen Kirche. Dieser geht oft mit Pädophile und den daraus resultierenden schrecklichen Verbrechen einher. In der gesamten Geschichte der katholischen und der evangelischen Kirche finden wir eine pessimistische Anschauung der menschlichen Leiblichkeit und der Sexualität, die uns bis heute begleitet. Sie hat viele Wurzeln.

---

[1] Lukas 6, Verse 39-42

Immer mehr katholische Priester scheitern am Zölibat. Es sind Hausgemachte Sorgen einer sexualfeindlichen Kirche. Viele katholische Priester leben in einer Lüge. Von der Vorstellung einer schnellen Rückkehr des Erlösers Jesu hat sich die Kirche relativ schnell gelöst, doch von ihrer Sexualfeindlichkeit nicht. Tatsache ist: Die Menschen heute ignorieren diese rigiden Moralvorstellungen weitgehend und deshalb lebt sie die Kirche nach innen aus. Die Priester geloben Ehelosigkeit und Keuschheit. Ein Versprechen, das viele angesichts der immer wiederkehrenden Missbrauchsskandale nicht einhalten konnten. Statt ihren Beruf aufzugeben und zurückzutreten, halten sie strikt an ihrem Amt fest und zeigen nur bedingt Reue und Buße. Es wäre im Sinne Jesu sein Leben endlich mal wieder auf ehrliche Füße zu stellen. Auch Priester haben ihre eigene Sexualität.

Die Frage, fördert der Zölibat den Missbrauch? Diese Frage muss mit NEIN beantwortet werden. Und doch entsteht der Eindruck, ob Pädophile die Kirche als Deckmantel gebrauchen, um ihre Neigungen ausleben und betreiben zu können. Das Zölibat ist keine Brutstätte für den körperlichen und sexuellen Missbrauch! Die Kirche hat eine besondere Verantwortung den Menschen und vor allem den Schwachen gegenüber Schutzraum anzubieten. Dieser Schutzraum wurde durch pädophile und gewaltbereite Geistlichen unsittlich missbraucht und gleichzeitig nicht nur Menschenseelen verletzt, sondern auch die Kirche und vor allem das Evangelium als Deckmantel gebraucht, missbraucht und mit Füßen getreten.

Tatsache ist, dass das Thema Sexualität in der Kirche tabuisiert und mit Schuldkomplexen beladen ist. Sexualität, Genuss und Lust an Sexualität war und ist bislang für die katholische Kirche theologisch nicht hoffähig. Die Kirche wird ihre Einstellung zur Sexualität und zur Homosexualität nur dann grundlegend ändern können, wenn sie ihre grundsätzlich pessimistische Einstellung zur Sexualität verändert, vor allem der Lust von Sexualität einen Wert zugesteht. **Die Sexualität aller Menschen ist natürlich und schöpfungsgemäß**. Wenn Menschen Lust einander finden, ist das Ausdruck der liebenden und schöpferischen Zuwendung Gottes zu ihnen. Ihre Sexualität gehört zu ihrem Geschöpfsein.

Gott sei Dank gelingt es der Amtskirche nicht mehr, das Leben der Menschen mit Normen und Geboten zu reglementieren. Das ist der generelle Trend, der festzustellen ist: Rom hat die Macht verloren, vor allem im Bereich der Sexualmoral.

SEXUALITÄT, GUTE GABE GOTTES!

„Es sind verschiedene Gaben; aber es ist ein Geist. ...dem einen wird durch den Geist gegeben, von der Weisheit zu reden; dem andern wird gegeben, von der Erkenntnis zu reden, nach demselben Geist; einem andern Glaube, in demselben Geist; einem andern die Gabe, gesund zu machen, in dem einen Geist; einem andern die Kraft, Wunder zu tun; einem andern prophetische Rede; einem andern die Gabe, die Geister zu unterscheiden; einem andern mancherlei Zungenrede; einem andern die Gabe, sie auszulegen. Dies alles aber wirkt derselbe eine Geist und teilt einem jeden das Seine zu, wie er will.“ [2]

Diese Verse des Apostels Paulus besagen, dass jeder Mensch – Mann wie Frau – durch den Geist Gottes mit verschiedenen Gaben ausgestattet ist. Wir können uns diese Charismen vorstellen als die Begabungen, Fähigkeiten und Möglichkeiten, die jedes Individuum in sich trägt. Auch die Gabe der Sexualität gehört zu jeden Menschen. Daneben ist die Sexualität eine Gabe Gottes und von Gott gewollt! Sie ist eine Gabe, die entfaltet und vielgestaltig gebraucht und gelebt werden kann. Paulus versteht diese Gaben, diese Fähigkeiten als Geschenk der Gnade Gottes. Die Gnade Gottes zeigt sich in den Gaben, die jeder Mensch von Gott empfangen hat. Die Quelle, der Ursprung der Gnadengaben liegt nicht in einem Menschen oder einer kirchlichen Institution, sondern allein im Heiligen Geist. Der Heilige Geist gibt und teilt diese Gaben aus. Das ist der Reichtum der Gnade Gottes. Jede Gabe, jede Fähigkeiten, dass einem Menschen mitgegeben ist, drängt zur Entfaltung; in jeder Gabe steckt die Aufgabe, sie zu entdecken und zu leben. Die Sexualität ist eine von Gott gegebene Begabung und sie ist zum Wohl des Menschen da. Im Brief an die Römer beschreibt der Apostel Paulus etliche Gaben und Fähigkeiten, die zum Dienst in den Kirchengemeinden und Institutionen, zum Dienst vor Gott eingesetzt werden können und sollen[3]. Hier wird deutlich, dass es durchaus sehr unterschiedliche Gnadengaben gibt. Wir haben alle eine unterschiedliche Gnadengabe von Gott empfangen. Gott hat sie uns nicht gegeben, damit wir sie unbenutzt lassen, sondern dass wir damit arbeiten.

Homosexuelle Christinnen und Christen empfinden und erleben es als eine Herabwürdigung, wenn ihre gleichgeschlechtliche Orientierung in den kirchlichen Dogmatiken und theologischen Lehrgebäuden bis in die heutigen Verlautbarungen der Konfessionen hinein

[2] 1. Korintherbrief 12, Verse 4,8-11
[3] Römerbrief 12, Verse 6-8

als Sünde, als Verirrung oder als Abkehr vom göttlichen Schöpfungswillen bezeichnet wird. Aufgrund der rigiden Moralvorstellungen beider Konfessionen leben viele katholischen Priester und evangelische Pastoren in einer Lüge. **Viele Geistliche beider Konfessionen scheitern am eigenen Anspruch!** Auf der Kanzel predigen sie die zehn Gebote – Lügen, Ehebruch, Betrug oder gar Gewalttaten sollen nicht sein. Angesichts der immer wiederkehrenden Missbrauchsskandale in den Kirchen beider Konfessionen zeigt es sich, dass Anspruch und Wirklichkeit auseinanderfallen. Weil die Kirchen beider Konfessionen mit einem hohen moralischen Anspruch auftreten und predigen, müssen sie sich eben dann auch daran messen lassen.

Die Moralisten bedrücken und belügen die Menschen wie kaum eine andere Gruppe. Der Moralist glaubt allen Ernstes, dass er die von der Gesellschaft oder von Gott geforderte Sittlichkeit aufbringt und übersieht dabei gänzlich sein vielfältiges Scheitern. Somit ist die Institution Kirche und vor allem die pädophilen und gewaltbereiten Geistlichen beider Konfessionen, die eine Straftat verübt haben, besonders tief in der Lüge verstrickt. Sie können die Täuschung, bedeutend und rein zu sein, nur durch das Verkennen dieser Unzugänglichkeit und ihres Selbstbetruges erreichen, den sie ununterbrochen vollziehen und dessen Opfer sie werden. Sie glauben, anderen gegenüber einen Vorsprung zu haben und sind selbst das Opfer ihrer eigenen Scheinsittlichkeit, Lüge, ihres Selbstbetruges und ihrer Machtausübung. Es gibt kaum einen besseren Nährboden für die Kräfte der Sünde als dieses heillose Allerlei.

Es besteht kein Zweifel daran, dass diese Herabwürdigung und moralische Abwertung zu unendlich viel Leid bei den betroffenen homosexuellen Männern und Frauen und ihren Angehörigen geführt hat und weiter führt. Auch die Homosexualität ist eine gute Gabe Gottes und schöpfungsgemäß. Homosexuelle Christinnen und Christen entdecken in ihrer sexuellen Orientierung eine gute Gabe Gottes!

Die Ausgrenzung homosexuell liebende Menschen hat in unserer Gesellschaft eine lange, leidvolle Vorgeschichte. Dies ist sehr zu bedauern, vor allem deshalb, dass daran auch die christlichen Kirchen beider Konfessionen eine erhebliche Mitschuld mittragen. Die römische Kirche muss akzeptieren und feststellen, dass Homosexualität weder sündhaft noch krankhaft, sondern ein anderer Ausdruck menschlicher Sexualität ist.

Noch heute meint die römische Kirche, mit allen zur Verfügung stehenden Machtmitteln menschliche Sexualität regeln und reglementieren zu müssen. Dies ist ein Machtmissbrauch und muss in Frage gestellt werden. Die kritischen Aussagen der Bibel zu männlicher Homosexualität richten sich zum einen gegen Vergewaltigung, Pädophilie und Prostitution.

Die ganze menschliche Sexualität ist eine gute Gabe Gottes, daran darf es keinen Zweifel geben. Alle Menschen sind mit der Sexualität begabt und befähigt zu lieben. Eine Gabe, mit der ein Mensch dem anderen Liebe, Zuneigung und Begehren zeigt; sie befähigt uns zur Zärtlichkeit, zur Fürsorge für geliebte Menschen, sie macht uns kreativ und phantasievoll. Die Sexualität ist sehr unterschiedlich gestaltet und in verschiedenen Lebensformen erfahrbar. Es gibt Männer, die Frauen lieben und andere Männer, die Männer lieben. Es gibt Frauen, die Frauen lieben. Es gibt Männer und Frauen, die lieben Männer und Frauen beider Geschlechts. Das alles sind unterschiedliche Formen der Sexualität. Sie haben ihre gemeinsame Wurzel darin, dass sie den Menschen von Gott zur Gestaltung aufgegeben sind.

Der im evangelikalen Bereich bekannte Pastor Klaus Vollmer aus Herrmannsburg hat zum Thema Liebe einmal gesagt: ***„Die Liebe ist ein Geheimnis. Wir sollten, bei welcher Art von Liebe auch immer, erst einmal still und ehrfürchtig werden. Haben Sie Ehrfurcht, wenn ein Mensch einen Menschen liebt! Wo immer Liebe ist, kommen Sie nicht mit Ihren Karos! Haben Sie erst einmal Ehrfurcht!"*** [4]

---

[4] Herbert Engel zitiert den vollen Wortlaut der Berliner Erklärung, S 345, Anm.43.

VIELE GLIEDER – EIN LEIB

Der ganze „Leib Christi“ wird in Mitleidenschaft gezogen, wenn eines seiner Glieder leidet:

„Und wenn ein Glied leidet, so leiden alle Glieder mit, und wenn ein Glied geehrt wird, so freuen sich alle Glieder mit. Ihr aber seit der Leib Christi und jeder von euch ein Glied.“ [5]

In den beiden großen Konfessionen – katholische und evangelische Kirche – leiden viele getaufter Christinnen und Christen darunter, dass sie mit ihrer sexuellen Orientierung nicht wahrgenommen und nicht ernstgenommen werden, und aus diesem Grunde auch nicht angenommen werden. Viele treten irgendwann einmal aus der Kirche aus. Damit geht der Kirche ein Potential an vielen Begabungen und Fähigkeiten verloren.

Der Apostel Paulus verwendet den menschlichen Körper als anregendes Bild, um uns und der Kirche zu verdeutlichen, dass auch der Leib Christi, die Gottesdienste und die Institution Kirche, aus unterschiedlichen Gliedern besteht. Durch dieses Bild wird verdeutlicht, dass es zwei Gefahren gibt, denen die Glieder des Leibes und der Kirche ausgesetzt sind.

Die eine Gefahr besteht durch sexuellen Missbrauch von Geistlichen. Statt christlicher Werte und Liebe prägten Schläge und sexueller Missbrauch den Alltag. Viele Geistliche, nicht alle, aber viele vergriffen sich an Schutzbefohlenen und Schweigen und verheimlichen. Die andere Gefahr ist das verleugnen, das wegschauen, Ignoranz. Zwar sind pädophile Geistliche im Normalfall nach etlichen Jahren bereit, ihre Fehler, ihre Schuld zu erklären. *„Ich möchte, dass jeder Verständnis für mich aufbringt und die mildernden Umstände, die zu meinen allzu begreiflichen Fehltritten führten, recht zu würdigen weiß. Ich möchte die Welt wissen lassen, dass ich kein mieser Geistlicher bin; in Wirklichkeit bin ich nur das Opfer einiger verhängnisvoller Neurosen und sexuellen Störungen.“*

„Denn auch der Leib ist nicht ein Glied, sondern viele.“ [6] Für Gott ist eines wichtig, nämlich dass wir treu den Auftrag ausüben, den Er uns gegeben hat und das Amt nicht missbrauchen, wie es viele Geistliche „bewusst“ ausübten. Die Geistlichen beider Konfessionen haben einst die Vollmacht empfangen, sein Wort und sein Evangelium mit brennendem Herzen zu tragen und zu verkündigen. Diesen Anspruch sind sie nicht gerecht geworden. Viele Geistliche haben an sich selber gedacht, wie sie ihre eigenen Bedürfnisse

---

[5] 1. Korintherbrief 12, Verse 26-27

[6] 1. Korintherbrief 12, Vers 14

und Gelüste befrieden können, in dem sie beabsichtigt Menschenseelen vernichteten. **Jeder geistliche Priester aller Konfessionen der sexuell, körperlich und seelisch missbraucht hat, muss zur Verantwortung gezogen werden.** Eine radikale und schonungslose Aufklärung ist dringend nötig, um das Schiff wieder zu säubern. Zwar sind die Skandale wie sexueller Missbrauch von Kindern, seelische Vergewaltigungen für die Kirche sehr schmerzhaft! Doch jetzt besteht die politische Verantwortung Reformen einzuleiten. Eine unentbehrliche Kirchenreform ist zwingend angebracht, um eine moderne Veränderungen in der Kirche einzuleiten und um das Vertrauen der Kirche wieder herzustellen.

In der Bibel begegnet uns das lateinisch angelehnte Wort „reformatio" im Neuen Testament bei dem Brief des Apostels Paulus an die Römer: ***„Und stellt euch nicht dieser Welt gleich, sondern ändert euch durch die Erneuerung eures Sinnes, damit ihr prüfen könnt, was Gottes Wille ist, nämlich das Gute und Wohlgefällige und Vollkommene."*** [7] ***„Nehmt euch in acht vor den Hunden, nehmt euch in acht vor den böswilligen Arbeitern, nehmt euch in acht vor der Zerschneidung."*** [8]

Wir Christinnen und Christen beider großen Kirchen müssen uns bemühen, dass die „Erneuerung der Sinne" auch stattfinden kann. **Dem Einfluss, den die Welt ausübt und wie in den skandalösen Missbrauchsfällen auch zu Recht ausübt, entkommen wir nicht.** Jetzt ist es an der Zeit für die Kirche, deren Zustand in einer erbärmlichen Verfassung sich befindet, umzugestalten. Christinnen und Christen aller Konfessionen sind in die Welt gesandt, um zu bezeugen, dass unsere Taten schlecht sind und dass die Erlösung für alle zur Verfügung steht, die an den Herrn Jesus Christus glauben. **Die Kirche darf nicht von der Welt getrennt sein und getrennt leben, sondern muss Reformen einleiten und die Kirche Jesu Christi da verwandeln, wo dies dringend erforderlich ist.** Das bedeutet, dass wir so denken sollten, wie Gott denkt und wie es die Bibel uns offenbart. Das ist weit wichtiger als an veraltenden kirchlichen Dogmen, Lehren und Paragraphen widerspenstig festzuhalten. Es ist unbedingt nötig, den Willen Gottes wieder neu zu entdecken, damit die Kirche und die Geistlichen die Liebe Gottes wieder in der Öffentlichkeit aufrichtig darstellen und bezeugen. Unser Leben erfährt dann eine reiche Erfüllung, wenn wir lernen, es so zu sehen und so zu leben.

Christeninnen und Christen aller Konfessionen sollen nun endlich mal begreifen und realisieren, dass sie mündige, selbstbewusste Christen sind und nicht eine Marionette von

---

[7] Römerbrief 12, Vers 2
[8] Philipper 3, Vers 2

kirchlichen Lehren und Dogmen. **Ein Christ ist in der Lage, sich selbständig zu bewegen und das auch mit Überzeugung zu tun. Christen müssen lernen, zu unterscheiden zwischen Jesus und der Kirche, zwischen Gott, der jeden Menschen liebt.** Wir sind aufgerufen, in unserer persönlichen Freiheit als Christen, trotz schlechter Erfahrung und bedrückender Beobachtung, kritischer Einschätzung der Lage, objektiv zu bleiben und nicht das Christsein, den Glauben, die Christen über einen Schuhleisten zu ziehen. Die römische Kirche befindet sich zurzeit in einem desolaten Zustand. Und doch gibt es für diese Kirche eine Chance, wieder gesund und Heil zu werden. Straffällige Geistliche müssen vom Dienst sofort entfernt werden. Die Spreu muss vom Weizen getrennt werden. Die Kirche muss Ballast abwerfen, reine Mitläufer dürfen sich getrost absetzen. Bei einer schonungslosen Aufklärung bei immer wiederkehrenden Missbrauchsskandalen wird die Kirche an Glaubwürdigkeit, an Vorbildern, an Attraktivität und an Lebendigkeit wieder zu nehmen. Und doch bleibt die Kirche der Christen eine Gemeinde der Menschen, die fehlbar und verletzlich sind. Die Kirche setzt sich zusammen aus Individuen.

Bei den immer wiederkehrenden Missbrauchsskandalen vermisse ich ein unmissverständliches Wort der Kirche und des Bischofs von Rom. Zudem vermisse ich den Besuch des Bischofs von Rom in derlei Krisengebieten, wo er doch sonst so gerne reist und sich feiern lässt. Straffällige Geistliche dürfen nicht länger das Amt des Priesters oder des Pastors ausüben. Die Kirche ist aufgrund des Evangeliums willen verpflichtet, die Missbrauchsskandale unmissverständlich zu verurteilen. Der Kirche fehlt es an Mut und Zivilcourage. Ob das Kloster als Besserungsanstalt für straffällige Geistliche dienen soll, bezweifle ich. Manchmal habe ich den Eindruck gewonnen, die Kirche wisse nicht, welchen großen Schaden sie durch ihr Schweigen und verheimlichen angerichtet hat. Die großen Vorbilder in der Kirche fehlen, die echten Nachfolger Christi machen sich zu rar. Angesichts der immer wiederkehrenden Missbrauchsskandale und des Schadens der Glaubwürdigkeit geraten immer mehr Gläubige in konkreten Schwierigkeiten, **an den gütigen und gerechten Gott zu glauben.** Und doch bin ich mir sicher, Gott allein ist die Antwort auf all die Fragen, auf die es keine Antworten gibt. Gläubige aller Konfessionen sind verpflichtet, die Zerwürfnisse in der Kirche aus der Welt zu schaffen, indem wir als mündige freie Christen für zeitgemäße Reformen eintreten und kämpfen. Die Amtskirche ist dazu aufgefordert und verpflichtet mit Tätern und Opfern ein klärendes Gespräch zu führen, um Gerechtigkeit und Glaubwürdigkeit wieder herzustellen.

Der Schaden, der den Opfern zu gefügt worden ist, ist kaum mehr wieder gutzumachen. Das Glaubensgut der Kirche gerät immer mehr ins Wanken. Der Apostel Paulus hat recht, wenn er sagt: ***„Und wenn ein Glied leidet, so leiden alle Glieder mit...“*** Straffällige Geistliche wollen Glaubensverkünder sein und sind nichts als schmutzige und säen am Ende Unfrieden, sie machen mutlos und lassen an der Glaubwürdigkeit der Kirche verzweifeln.

EHELOSIGKEIT

„Das ist aber nur eine Empfehlung von mir (Paulus), kein Gebot. Ich wünschte, jeder könnte unverheiratet leben, wie ich es tue. Aber sind nicht alle gleich. Gott schenkt manchen die Gabe der Ehe und den anderen die Gabe, unverheiratet zu leben. Den Unverheirateten und Verwitweten sage ich aber, dass es besser ist, wie ich (als Paulus) unverheiratet zu bleiben. Doch wenn sie sich nicht enthalten können, sollen sie heiraten, als von unerfülltem Verlangen beherrscht zu werden.“ [9]

Ehelosigkeit und Zölibatär besagt, einen verantwortungsvollen Umgang mit seiner eigenen Sexualität. **Es besagt aber auch, dass Gott einen Menschen einem besonderen Dienst anvertraut hat.** Sexuelles Bedürfnis ist keine Schande, sie sind von Gott in die Schöpfung hineingelegt. Allerdings müssen und sollen sie befriedigt werden, für den Gott sie gegeben hat. Ehelosigkeit und Zölibatär beinhalten eine Selbstbeherrschung, mit der man täglich zu kämpfen hat. Es stellt sich also die Frage: Wenn wir dem Herrn in allen Fragen unseres Lebens die Führung übergeben und anvertrauen, sollten wir es nicht auch in Bezug der Selbstbeherrschung und Ehelosigkeit überlassen? Das verlangt Vertrauen! Das Ziel soll sein, sich dem Gebet zu widmen. Es gibt Dinge und Situationen im Leben eines jeden Menschen, wo er keinen Ausweg weiß. Der einzige Weg, der offen bleibt, besteht letztlich darin, sich völlig auf Gott auszurichten und um einen Ausweg aus der Sackgasse zu bitten.

Paulus sagt hier, es ist eine Empfehlung und kein Gebot oder eine Pflicht zu Heiraten oder Ehelos zu leben. Wir sollen darüber nachdenken, ob wir in der Lage sind Zölibatär und Ehelos zu leben. Es ist nicht gut, wenn man, ohne sich Gedanken zu machen und zu beten, einfach davon ausgeht, dass Gott unseren Weg, meinen Weg als Geistlicher und als

---

[9] 1. Korintherbrief 7, Verse 6-9

Nichtgeistlicher schon lenken wird. Gott selbst sagte: ***„Es ist nicht gut, dass der Mensch allein sei“***[10]. Darüber sollte und muss die römische Amtskirche nachdenken, ob es zweckmäßig ist, am Zwangszölibat widerspenstig festzuhalten; oder ob es Sinn macht, die Wahl eines Geistlichen offen zu lassen, ob er unverheiratet bleiben oder heiraten möchte. Unverheiratet oder Heiraten ist eine Gnadengabe Gottes, die von der Amtskirche nicht per Gesetz und Gebot auferlegt werden kann. Der Apostel Paulus wert alles ab, was eine falsche Einschätzung der Ehelosigkeit als eines „höheren“ Standes bedeuten könnte. **Nicht erst der Verzicht auf die Ehe macht zum Empfang von Gnadengaben würdig. Nein, im Gegenteil! Auch die einfachen, in der Ehe lebenden Gemeindeglieder und auch in der Ehe lebenden evangelische Pastoren und Pastorinnen haben Gnadengaben, „der eine so, der andere so“.**

Der Zölibat ist auch nach mehreren Jahren Überlegungszeit ein Zwangszölibat, auch dann, wenn der Geistliche die Freiheit besitzt, diese eingegangene Selbstverpflichtung zu vollziehen. Ohne diese Selbstverpflichtung würde der angehende Geistliche nicht als Priester geweiht werden. Also wird der angehende Geistliche dazu gezwungen, diese angebliche „in Freiheit eingegangene Selbstverpflichtung „ zu unterzeichnen. Er hat nämlich nach der Priesterausbildung nicht die Wahl zu entscheiden zwischen den Stand der Ehe oder Ehelosigkeit, wenn er als katholischer Priester tätig sein will. Fazit: „Wenn du die Selbstverpflichtung der Ehelosigkeit annehmen kannst, dann bist du als Priester geeignet; wenn nicht, dann bist du als Priester nicht geeignet.“

Die Frage nach dem Zölibat selber ist keine Glaubensfrage im eigentlichen Sinne: Der Zölibat hat seinen Platz nicht im Credo der Kirche, sondern im Gesetzbuch. Es ist kein Glaubensartikel, sondern lediglich eine Vorschrift der Kirche. Das Zölibat ist von seiner Form her eigentlich eine Nebensächlichkeit.

„Nehmt das Leben an, in das der Herr euch gestellt hat, und lebt so weiter, wie es war, als Gott euch berufen hat.“ [11]

Gott hat dich, hat uns so berufen, wie du, wie wir sind. Worum es geht, ist das Halten der Gebote Gottes. Es kommt auf die Gesinnung des Herzens an. Die Liebe zu Gott soll sich durch den Gehorsam gegenüber dem zeigen, was Gott gesagt hat. Dann möchte man gern sein ganzes Leben nach dem Willen Gottes einrichten.

---

[10] 1. Buch Mose 2, Vers 18
[11] 1. Korintherbrief 7, Vers 17a

Das Gesetz der Ehelosigkeit in der römischen Amtskirche reicht ins 12. Jahrhundert zurück. Das Wort Zölibat stammt von dem lateinischen „caelebs". Das so viel bedeutet wie „allein, unvermählt lebend". Das Ziel ist es zu verhindern, dass Kirchenbesitz vererbt wird und so für die Kirche verloren geht. Schon bei der Synode von Elvira um 306 hatte man allen Angehörigen des Klerus den Vollzug der Ehe untersagt. Bis zum 2. Konzil im Lateran 1139 gab es dennoch sowohl verheiratete als auch unverheiratete katholische Priester; dann wurde festgelegt, dass nur zölibatär lebende Geistliche die Heilige Messen lesen durften. In der Orthodoxen Kirche dürfen Priester weiter heiraten, während Bischöfe den Zölibat befolgen.

Wer sich als Geistlicher sexueller Vergehen schuldig macht, könne nicht mehr seine Rolle als Abbild Christi authentisch ausüben. Beim sexuellen Vergehen gibt es nur eine Konsequenz, der Geistliche muss vom Priesteramt, vom Pfarrdienst auf Lebenszeit ausgeschlossen werden. Einige Bischöfe in der römischen Amtskirche behaupten, es gäbe keinen Zusammenhang zwischen dem Zölibat und dem sexuellen Missbrauch. Und deswegen gibt es auch keinen Grund für eine Veränderung und Lockerung des Pflichtzölibats. Doch gibt es Zusammenhänge: es ist einerseits die Heuchelei und Verdrängung des oft unlösbaren Widerspruchs vom eigenen moralischen Anspruch und gelebter Wirklichkeit.

Doch die Abschaffung des Zölibats reicht allein nicht. Das wäre zu kurz gedacht. Wieso hat die römische Amtskirche eine so große Angst vor einem geschlechtlichen Jesus? Tatsache ist, den Zölibat kann die römische Amtskirche allein aus der Lehre Jesu nicht ableiten.

„Paulus macht deutlich, dass die sexuelle Enthaltsamkeit zwar ein hoch zu achtendes Ideal ist, dass aber durchaus auch der Ehe ihr Recht zukommt. Er begründet dies mit Unzuchtshandlungen, die mittels der Ehe abgeschwächt werden sollen. Paulus unterscheidet eindeutig zwischen Gemeindeideal und -realität. Es gibt unter den korinthischen Gemeindegliedern scheinbar Befürworter grundsätzlicher Enthaltung. Diese Anhänger sexueller Askese übersehen nach Meinung des Paulus, dass nicht alle Gemeindeglieder zu solch strenger Enthaltung fähig sind. Um ungezügelter Sexualität vorzubeugen oder sie einzudämmen, befürwortet Paulus, dass jeder Mann seine (Ehe-)Frau und jede Frau ihren (Ehe-)Mann hat. Damit wird nun jedoch nicht die Ehe über die Ehelosigkeit geschätzt, sondern es wird nur jedem eine Ehepartnerin oder ein Ehepartner zugestanden. Schon aus V. 2 ***„Gott schenkt manchen die Gabe der Ehe und den anderen die Gabe, unverheiratet zu leben"*** wird deutlich, dass Paulus das Unverheiratet-sein und die Ehe als

zwei mögliche christliche Daseinsformen diskutiert und darlegt, welches die Voraussetzungen der jeweiligen Daseinsform sind. Die Frage, ob Sexualität innerhalb der Ehe erlaubt ist, wird nicht thematisiert; vielmehr wird von vornherein Sexualität in der Ehe vorausgesetzt. Wenn Paulus schreibt, er wolle, alle Menschen wären wie er, so geht es ihm nicht allgemein um Fähigkeiten oder um Wesenszüge, sondern ganz konkret um sexuelle Belange. Aus den Worten ist zu schließen, dass Paulus enthaltsam lebt und diese Enthaltsamkeit auch favorisiert. Er ist sich jedoch bewusst, dass nicht alle Menschen diese Gnadengabe besitzen. Fehlendes Vermögen, sich sexuell zu enthalten, sieht Paulus nicht als Defizit an, sondern er erkennt an, dass Menschen eine andere Gnadengabe haben können. Jeder Mensch - wahrscheinlich meint Paulus nur die christlichen Menschen - hat seine eigene Gnadengabe, und sei es eine andere als die sexuelle Enthaltsamkeit. Paulus geht es um die Verschiedenheit der Gnadengaben. Daher ist es nicht erforderlich, dass er die einzelnen nennt. Somit bleibt auch offen, ob das eheliche Leben eine Gnadengabe ist".
[12]

Paulus hat also durchaus einen Blick für die Realität. Er ist sich sehr wohl bewusst, dass es Bedürfnisse geben kann, die es nicht zulassen, dass jemand unverheiratet bleibt. Für einen Priesteramtskandidaten bleibt es unausweichlich die Gewissensfrage zu stellen, ob es Gott will, dass er heiratet, oder ob Gott will, dass er allein bleibt, also die Gabe besitzt, sich auf das Zölibat einzulassen. Egal wie man sich am Ende entscheidet: ***„Für Gott hat dein Leben sein Ziel nicht verfehlt, auch wenn in deinem priesterlichen Leben ein Lebenspartner auftaucht, oder auch nicht. Gib dem Gefühl des Mangels nicht die Gelegenheit, dein Leben auszufüllen, sondern gib lieber Gott diesen Raum"***. Ich möchte hiermit nicht den Eindruck erwecken, dass ich das Problem „Ehelosigkeit und Zölibat" mit ein paar Sätzen abtun will. Das wäre zu einfach und zu billig.

Ehe und Ehelosigkeit ist eine Gnadengabe Gottes. Jemandem, der den Zölibat nicht leben kann, fehlt es nach Jesu Worten nicht am Verständnis für den Zölibat um des Himmelreiches willen, ihm fehlt es an einer leib-seelischen Befähigung, die einer entweder hat oder nicht hat. Jesu Wort besagt also, dass die Fähigkeit, das ehelose Leben zu verwirklichen, ein Geschenk Gottes ist, das nicht allen zuteil wird. Das heißt, keiner kann den Zölibat mit seinen eigenen Kräften leben. Jesus spricht die Warnung aus: Vorsicht, nicht jeder kann

[12] **Matthias Dietrich,** Dipl. Theologe; geb. 1971, absolvierte in Paderborn das Erste Staatsexamen ev. Theologie, Geschichte, Lehramt Sek I/II und anschließend nach dem Studium in Göttingen das Erste kirchliche Examen ev. Theologie; Abschluss der Ausbildung nach dem Vikariat mit dem Zweiten Theologischen Examen.

das, was ihr sagt: Nicht heiraten; denn dafür ist eine eigene Gnade notwendig. - Als Kehrseite der Warnung ergibt sich: Wehe dem, der es ohne diese Gnadengabe versucht!

Der Apostel Paulus selbst lebt ehelos [13] und das als Gnadengabe und nicht aus eigener Anstrengung. Diese Gnadengabe kann nicht durch ein Gebot und per Gesetz durch die Amtskirche auferlegt und verbindlich gemacht werden. Paulus lebte die Enthaltsamkeit in Freude, und er lebte sie als Gabe, als ein Geschenk Gottes, ganz im Dienst des Herrn zu stehen. ***Doch er machte die Ehelosigkeit nicht zum verpflichtenden Gesetz für alle Christen. Daran hängt das Heil nicht!*** Jeder Christ und jeder Priesteramtskandidat darf und soll seiner ***Gabe,*** die Gott ihn gegeben hat, leben. Gabe, die allein Gott gibt und nicht die Amtskirche. Das ist für Paulus wichtig! Gabe, die allein Gott gibt und schenkt, wird hierbei ganz umfassend gesehen. Obwohl Paulus selbst ehelos lebte, sah er seine Lebensführung nicht für absolut. Gott führt jeden seinen Weg, nicht die Amtskirche. Wichtig allein ist, dass ich weiß, dass ich unter seiner Führung stehe und im empfangenden Gehorsam bleibe. So können und sollen, auch und gerade in einer Amtskirche Jesu Christi, verschieden Geführte und verschieden Begabte im gemeinsamen priesterlichen Dienst und in brüderlicher Liebe und Eintracht leben und müssen einander kein Joch, kein Zölibat per Gesetz aufladen.

Faktum ist: Heute ist es theologisch unstrittig, dass aus der *Bibel* das Ideal der *Ehelosigkeit* nicht direkt zu begründen ist.

Auch die geschlechtliche Kraft hat bei Menschen verschiedene Ausprägungen. Wer zu Jesus gehört, darf sich in seinem ganzen Menschsein mit allen Anlagen, Ausprägungen und Eigenschaften annehmen und von Jesus heiligen lassen. Das gilt vor allem für die Triebkraft der Sexualität! Ich darf mich annehmen, wie ich bin. Wenn wir aus eigener Kraft – wie per Gesetz – das Zölibat versuchen zu leben, dann entstehen innere Kämpfe gegen uns selbst! Erzwungene gelebte Enthaltsamkeit biete eine Angriffsfläche, um uns zu verführen, wieder in die Sünde der Begierde zu verfallen. Welch einfacher und doch evangelischer Ratschlag: „Es ist besser frei zu heiraten, als von der Begierde vertilgt zu werden." Jede auferlegte, organisierte Enthaltsamkeit trägt den Keim der Versuchung in sich. Wer die katholische Parole befolgt und Glauben schenkt: „Ein Priester, gleich wer er ist, muss auf jeden Fall ehelos leben, will er ein vollkommener Christ und Priester sein", der läuft

[13] vgl. 1. Kor 9,5

Gefahr, gerade dadurch zur Sünde verführt zu werden, was wir aus den jüngsten Missbrauchsfällen der Kirche mit Erschrecken erfahren mussten.

PAPST STEHT IN DER PFLICHT

Der Weg zur Umkehr führt über die Reue. Nach den Missbrauchsfällen in der römischen Amtskirche wäre es nun an der Zeit für den Papst Benedikt XVI. Verantwortung zu übernehmen. Zwar zeigt Papst Benedikt XVI. tiefe Betroffenheit und Erschütterung, aber dies allein genügt nicht! Zur Umkehr und Reue gehört auch die Buße. Buße tun bedeutet daher die ernsthafte Abkehr von Fehlern, Lasten, Vertuschungen und beschönigen wie auch das Verschweigen von sexuellen Tatbeständen. Aber weder der Vorsitzende der Deutschen Bischofskonferenz noch Papst Benedikt XVI. haben wichtige Fragen beantwortet, die sich keinesfalls mehr zur Seite schieben lassen.

Der Theologe Hans Küng schreibt dazu: „Die Wahrhaftigkeit hätte gefordert, dass der Papst die schon längst von einer großen Mehrheit in Klerus und Volk gewünschte Überprüfung des Gesetztes[14] zumindest versprochen hätte. Auch der Präsident des Zentralkomitees deutscher Katholiken, Alois Glück, und der Hamburger Weihbischof Hans-Jochen Jaschke fordern ein unverkrampftes Verhältnis zur Sexualität und ein Nebeneinander von zölibatär lebenden und verheirateten Priestern.“ [15]

Zahlreiche Psychotherapeuten und Psychoanalytikern sind absolut der Auffassung, dass es durchaus Zusammenhänge zum Zölibatsgesetz gibt. Das Zölibatsgesetz (Pflichtzölibat) verpflichtet die römischen Geistlichen sich jeder sexuellen Aktivität zu enthalten, und somit bestehe die Gefahr, dass hier eine Tabuzone entstehen könnte und dort kompensiert wird. Um des Evangeliums willen wäre es ratsam, die Zusammenhänge zwischen Missbrauch und Zölibat ernst zu nehmen statt sie immer wieder abzustreiten. Die zölibatäre Lebensform bietet ein Lebensbereich, für pädophile Neigungen.

Die Priester- und Pfarrausbildung beider Konfessionen müssen offensiv und ganz ausdrücklich die Frage mit der Sexualität angehen, und die künftigen Geistlichen und Kandidaten müssen im Umgang mit der Sexualität angeleitet werden. Hierzu bedarf es eine sexuelle Aufklärung, um über sich selber Klarheit zu bekommen. Es muss eine Möglichkeit

[14] Zölibatsgesetz (ist ein reines Kirchengesetz)
[15] Zitat von den Theologen Hans Küng

geschaffen werden, dass das Thema Sexualität in der Priesterausbildung und in der Ausübung des Amtes nicht tabuisiert werden darf, sondern das die Kandidaten und Geistlichen offener über dieses Thema und auch offener über ihre sexuellen Probleme und Bedürfnisse sprechen können. ***Auch und vor allem für den zölibatären Priester erfordert es Mut und Vertrauen, sich immer wieder erneut auf seine nichtgelebte Sexualität einzulassen, sich in Frage zu stellen und sich als Lernenden zu begreifen. Nie wird man die Hände in den Schoß legen können. Zu wissen, dass Fehler und Schwächen zu jedem Menschen dazugehören, verhindert diese allzu idealistische Erwartung. Priester und Geistliche sind Menschen mit Stärken und Schwächen, wie wir alle. Sie sind keine Heiligen!***

Die römische Amtskirche muss erkennen, dass Jesus Christus keine perfekte und gleichsam göttliche unangefochtene Kirche gewollt habe. Diese perfekte und göttliche Kirche wurde und ist von Menschen beabsichtigt erbaut. Im Hinblick an den Missständen in der Kirche sehen wir eine allzu menschliche Kirche, zu der auch Schwächen, Grenzen und Schuld gehören, was für manche in der römischen Amtskirche bitter sein mag. Auch jeder Priester und Geistliche aller Konfessionen müssen sich, wie jeder normale Mensch, den Wachstums- und Reifeprozess des Lebens stellen, um die hohen Idealen an der nüchternen Realität anzugleichen.

Eine Grenze zwischen „normalen" und „abweichendem" sexuellen Verhalten zu ziehen ist eine äußerst heikle Sache – unter anderem deshalb, weil es von Kultur und „Zeitgeist" abhängt, wie diese Grenze gezogen wird. Ein konkretes Beispiel ist die Selbstbefriedigung, die noch vor nicht allzu langer Zeit für eine schwere Sünde gehalten wurde, während sie heute als therapeutisches Mittel bei der Behandlung mit Orgasmusstörungen eingesetzt wird.

Sünde zu bekennen, ist etwas anderes, als über Sünde zu reden. Wären das Reden über die Sünde und das Bekennen von Sünde ein und dasselbe, dann würde unsere Gesellschaft eine wahre Orgie des Bekennens feiern. **Wer sich zur Sünde bekennt und wer zugibt, Kinder misshandelt zu haben, der bekennt noch lange nicht seine Sünden. In den erdrückenden Erklärungen von geistlichen Tätern entsteht der Eindruck, als wolle man die Sünde erklären.** Nach Verjährung dieser Straftaten sind wohl einige Priestern bereit, ihre Fehler und Schandtaten zu erklären: „Ich möchte, dass jeder Verständnis für mich aufbringt und bitte um mildernden Umstände. Ich möchte die Welt wissen lassen, dass ich kein mieser Kerl bin; in Wirklichkeit bin ich nur das Opfer einiger verhängnisvoller

Neurosen.“ Zu einem echten Bekenntnis gehören meines Erachtens drei wichtige Bestandteile. Ein echtes Bekenntnis beinhaltet **erstens** ein Eingeständnis unserer Verantwortung. Straffällige Geistliche und deren Vorgesetzten, die davon Kenntnis hatten und bewusst verheimlichten, sind dafür verantwortlich und müssen zur Rechenschaft gezogen werden. Ein Rücktritt vieler Bischöfe und Priestern ist nicht zu vermeiden, um die Glaubwürdigkeit wieder herzustellen! Und ich habe erst dann ein Bekenntnis abgelegt, wenn ich für das Unrecht, das ich an den vielen unschuldigen Kindern und meinem Gott zufügte, die uneingeschränkte Verantwortung übernehme. Das beinhaltet auch, eine schonungslose Aufklärung.

Ein Bekenntnis beinhaltet **zweitens** geteilten Schmerz. Ein Bekenntnis das von Herzen kommt, besagt im Grunde folgendes: „Der Schmerz, den ich dir bereitet und zugefügt habe, tut jetzt auch mir weh. Ich spüre den Schmerz, den ich dir zugefügt habe. Ich habe dich in deiner Seele und Körper verwundet und fühle mich jetzt wegen der Wunden, die ich dir zugefügt habe, selbst wund. Ich teile deinen Schmerz.“ Das echte Bekennen beginnt erst da, wo der Schmerz geteilt wird; ein schmerzloses Bekennen ist nichts als Heuchelei, ein Widerspruch in sich selbst. Der Missbrauch eines Geistlichen hat eine Seele, ein Kind Gottes, einen zerbrechlichen Menschen verletzt und ihn in seinem Schmerz liegen gelassen. Vielleicht hilft der Amtskirche jemand, wenigsten die Randgebiete dessen, was so mancher Geistlicher angerichtet hat, wahrzunehmen und darüber klarzuwerden, dass viele Geistliche das Grundvertrauen der ihnen anbefohlenen Kinder erbarmungslos missbrauchten. Wer von den straffälligen Geistlichen ein echtes Bekenntnis ablegen will, muss weitergehen. Er muss sich ausmalen, wie es für den anderen gewesen sein muss, als er das Missbrauchsopfer peinigte. Erst dann, wenn der Täter das Gift seiner Schuld riecht und schmeckt, erst dann ist er für das echte Bekennen qualifiziert. Von Missbrauch durch Geistliche gibt es keine heilenden Worte.

Ein echtes Bekenntnis beinhaltet **drittens**, dass wir auf die Gnade setzen. Welch ein ungeheures Risiko nehmen die Täter auf sich, wenn sie ihre Schuld bekennen! Wie könnten die Täter und die Amtskirche sicher sein, dass die Opfer, die der Geistliche verletzt und missbraucht hat, über die nötige Kraft und Gnade verfügt, den schuldigen Geistlichen zu vergeben. Angesichts der jahrelangen Vertuschungen und Schweigens aller Beteiligten, hat das Opfer gute Gründe, sich gegen die Kirche zu wenden. Zu einem redlichen und ehrlichen Bekenntnis gehören also das Eingeständnis eigener Verantwortung, die Erfahrung geteilten Schmerzes und die Bereitschaft, auf die Gnade zu setzen. Das Eingeständnis eigener Verantwortung ist bei so manchen Bischöfen und Priestern nicht zu beobachten oder zu erwarten.

Kann die Kirche Vergebung von Missbrauchsopfern erwarten? Das Vergeben darf nicht mit dem Vergessen verwechselt werden. Das Vergessen ist nicht scherzhaft noch schwer. Man braucht kein großes Wunder, um vergessen zu können. Alles, was man dazu braucht, ist ein schlechtes Gewissen und die große Angst vor der Wahrheit, dass man das bewusste Vergessen und verheimlichen aus der Vergangenheit in die dunkle Grube seines Unterbewusstseins verbannt in der Hoffnung, keiner bemerkt die heuchlerische Moral. Doch sollten doch die Geistlichen wissen: **Gott vergisst nie!** Denn wenn er vergessen könnte, hätte er niemals das Kreuz von Golgatha auf sich nehmen müssen. Vergeben und vergessen ist nicht identisch. Denn Vergebung heißt sich erinnern. Und wer um Vergebung bittet und erwartet, der darf nicht mit Nachsicht rechnen. Sicher, der Mensch und vor allem die Diener der Kirche verdienen eine Menge Nachsicht. Wir alle brauchen mildernde Umstände! Wer versucht den skandalösen sexuellen Missbrauch zu beschwichtigen und zu entschuldigen, der umgeht geschickt jene Realität, die er bewusst verbannt hat. Vergebung kann nur dann stattfinden, wenn die Kirche ihre eigene Schuld und Verantwortung übernimmt. Vergebung kann ein Neubeginn sein. Es heißt, mit der Person, die uns Schmerzen zugefügt hat, einen neuen Anfang zu wagen und es noch einmal von vorn zu versuchen, wenn das überhaupt noch möglich ist.

Gott vergisst nie! Gott ist unser aller schärfster Kritiker! Im Umgang mit den skandalösen Missbrauchsfällen in den Kirchen scheint eine Anschauung zu herrschen, dass es aus der Mode gekommen ist, Gott als Richter zu bezeichnen und ihn als Richter zu sehen. Der heutige modische Gott ist ganz Gnade und kennt kein Gericht! Ein Gott der richtet gilt als altertümlich, abstoßend, lieblos; heute verlangt man einen gnädigen Gott, der uns nicht nur bedingungslos liebt, sondern auch unser Tun bedingungslos billigt. Ich glaube fest daran: Das Gnädig-sein macht Gott nicht weniger kritisch, im Gegenteil! Um des Evangeliums willen wäre es ehrlicher in dem Bestreben des Täters, die Dinge offen beim Namen zu nennen. **Vor allem bei seinen Geistlichen hat Gott große Erwartungen und macht diese zum Maßstab; denn Gott beurteilt deren aufrichtigen Leistungen und die Liebe zum Evangelium.** Gott erwartet und vor allem bei seinen Geistlichen, dass sie im Evangelium treu sind. Er weist ihnen einen Platz in dieser Welt und in der Kirche zu, damit sie als Verwalter des Evangeliums auftreten und dienen. Und er verlangt, dass sie bei der Erfüllung dieser Aufgaben als treu erweisen und ihre Stellung nicht missbrauchen. Wenn ein

Geistlicher nicht aus dem Glauben lebt, sondern sich von seiner Befriedigung und Lust leiten lässt, hat er nicht mehr das Recht, als Geistlicher zu dienen. Glaube ist ein Grundprinzip für jeden Christen. Denn Christsein und Glauben gehören untrennbar zusammen. Zwischen den wahren Diener Gottes können sich Menschen befinden, die nur mit dem Verstand oder mit dem Gefühl an die göttliche Dinge herangehen, deren Herz und Gewissen jedoch nicht im Lichte Gottes stehen. Sie sind nie mit wirklicher Reue über ihre Sünden zu Gott gegangen. Es genügt nicht nur zu wissen, dass Gott gnädig ist. Wer Gott nicht im Herzen trägt, da bleibt die Gnade Gottes wirkungslos. Gott bittet uns nicht, fehlerlos zu sein, sondern treu im Glauben und im Evangelium zu dienen.

„Wer sich aber dem Herrn verbindet, ist ein Geist (mit ihm)“ [16]

Wer sich Jesus überschreibt, der hat nicht nur eine geistige, eine gedankliche Verbundenheit, sondern ist mit Jesus in einer solchen Einheit verwachsen und verbunden, dass eben aus diesem Grunde auch sein Leib ein „Glied Christi“ ist und einst dem Herrlichkeitsleib Jesu gleichgestaltet werden wird. Unmissverständlich folgt die klare Aufforderung des Apostels Paulus: „Flieht die Hurerei, flieht der Unzucht!“ Sexuelle Störungen im Priesterdienst stehen im Widerspruch zum Priesterdienst und zum Evangelium. Damit meint Paulus nicht diese sexuellen Störungen zu Widerstehen und zu unterdrücken, sondern er gibt nur einen wichtigen Rat: „Fliehet“! Und zwar so rasch und entschieden wie möglich, ohne **Wenn** und **Aber**. Und falls die sexuellen Störungen übermächtig werden, ist es anzuregen, Hilfe und Therapie in Anspruch zu nehmen. Mit Fliehen ist nicht die Flucht gemeint, im Gegenteil! Die gefährlichen sexuellen Neigungen erstnehmen, in dem man die Dinge offen beim Namen nennt und nichts unter dem Teppich kehrt. Die Praxis jedoch vieler Geistlichen war die Flucht, verschweigen, verbergen, um die Schande zu verdecken. Jede Sünde, die ein Mensch begehen mag, ist gegen seinen Leib gerichtet; wer Unzucht und sexuellen Missbrauch betreibt, sündigt nicht nur gegen seinen eigenen Leib, sondern gegen das Evangelium Jesu!

Die Kirche hat viel Schuld und Versagen auf sich geladen. Ja, sie hat gesündigt, sie hat absichtlich gesündigt, weil sie jahrelang den Missbrauchsskandalen vorsätzlich unter den Teppich gekehrt hat. Sie hat dadurch das Vertrauen vieler Menschen missbraucht und vielen Menschen enttäuscht. Dadurch wurde die Atmosphäre verpestet, was kaum mehr

---

[16] 1. Korintherbrief 6, Vers 17

wieder gut zu machen ist. In den letzten Monaten und Wochen haben wir von Dingen erfahren, die für viele unter uns noch immer unvorstellbar sind.

Feingefühl seitens der Amtskirche und den Bischöfen ist oberstes Gebot. Und nur, wenn wirkliche Hinwendung zu den Opfern spürbar wird, kann Vertrauen wieder geschaffen werden, können die Missbrauchsopfer wieder zur Kirche finden. Mit Bedauern ist festzustellen, dass es Bischöfe gibt, die sich trotz allem immer nur im Kreise drehen, die nicht einen Gedanken daran verschwenden, was sie durch ihr Verheimlichen und Verbergen angerichtet haben, ihre Schuld nicht einsehen wollen und im Grunde überhaupt nichts ändern wollen – wenn ändern, dann soll das tunlichst die anderen tun.

Vergebung kann jedoch nur der erwarten, der in seinem Handeln keinem Schaden zufügt.

Zu den Missbrauchsskandalen erleben wir wieder einmal eine starre Haltung Roms. Die Kirche darf keine starre Institution bleiben, auch sie ist in einem ständigen Wandel unterworfen. Was für frühere Zeiten gut gewesen sein mag, kann für die Gegenwart geradezu schädlich sein, und das beziehe sich auf unzählige aktuelle Probleme der Amtskirche.

Jeder Priester, jeder Bischof wie auch der Papst in Rom müssen sich eines Tages vor Gott ganz konkret darüber Rechenschaft ablegen, was sie während ihres Lebens als verantwortungsbewusste Priester und Christen gedacht, verschwiegen und bewirkt haben. Was sie für Unheil angerichtet und was sie für die Beseitigung der Sünde getan haben. Wie sie sich um das Seelenheil ihrer Missbrauchsopfer gekümmert und wie sie geliebt habe. Ja, nur danach werden die Priester und alle Menschen gefragt. Nicht danach, was sie als Kirche Verboten haben. Und noch ein zweites ist zu erwähnen, der „Hüter des Glaubens", ein Berater des Papstes, deren Kompetenz sehr anzuzweifeln ist, vor allem was die Alltagsnöte, die Sorgen der Menschen betrifft. Die mögen zwar die Theologie in Person sein, die Kirchengeschichte in- und auswendig kennen, aber sie wissen nur wenig über die Alltagsnöte und Sorgen der Menschen und der Missbrauchsopfer, indem sie bewusst vieles unter dem Teppich kehrten. Das ist die Last der Kirche und das ist die Tragödie.

Nun ist es an der Zeit, dass sich etwas ändern muss und dass sich auch etwas ändern wird – da bin ich mir sicher. Die katholische Amtskirche könne sich der notwenigen Reformen und Entwicklungen nicht mehr vorbeigehen als gehe sie das alles nichts an. Die Idee und die ethische Vorstellung, ein Paar dürfe nur dann Geschlechtsverkehr praktizieren, wenn sie die feste Absicht habe, ein Kind zu zeugen. Und das untersagen von Verhütungsmittel bleibt für mich eine verantwortungslose und eine fahrlässige Auffassung der römische Amtskirche. Bei all den Krankheiten ist so ein Kondom er erste und der beste Schutz vor Infektionen wie HIV und Aids. Die römische Kirche zeigt sich zu diesem Thema äußerst verantwortungslos und prüde. Der Papst will seine Gläubigen einreden, dass nur die Sexualität mit der Absicht Nachkommen zu zeugen richtig sei. Die Sexualität ist eine gute Gabe Gottes und aus diesem Grunde müssen und dürfen wir das Leben verantwortungsbewusst genießen und dazu gehört auch geschützter Geschlechtsverkehr! Aufgrund der Missbrauchsskandale, bleibt die Sexualmoral der römischen Amtskirche ein rotes Tuch. Das Themenfeld Sexualmoral macht es vielen Menschen schwer, sich in der römischen Kirche heimisch zu fühlen. Es gibt Katholiken, die kaum in der Lage sind, ein positives Verhältnis zu ihrer Kirche zu entwickeln und aufzubauen, wenn sie einem entscheidenden Lebensbereich immer gegen verbindliche Normen verstoßen. Dieser Missstand ist maßgebend dafür, dass viele Menschen aus der Kirche austreten. Viele Christinnen und Christen sitzen demnach zwischen den Stühlen: einesteils der gesellschaftlichen Norm der „Freizügigkeit und Offenheit" und demgegenüber die Skepsis einer kirchlichen Auffassung, die sie als eine „Verbotsmoral" ansehen.

Es kann und darf nicht das Ziel der römischen Kirche sein, traditionelle und möglicherweise altmodisch formulierte Normen attraktiv zu verpacken. Es wäre für die Amtskirche und deren Sexualmoral sinnvoll, bestehende Regeln und Normen ein Stück ***„freier"*** zur ***Eigenverantwortung*** zu gestalten, um sie damit für die Menschen annehmbarer zu machen. Es wäre die Pflicht der Amtskirche, Menschen mitzunehmen, zu vereinen und nicht zu trennen. In der kirchlichen Sexualmoral gibt es einen großen Graben zwischen Lebensrealität und kirchlichen Normen, was nicht zu leugnen ist. Tatsache ist doch, auch dann, wenn der Papst und Bischof von Rom stets von tausenden Menschen gefeiert wird, dass sich viele Katholiken kaum noch nach den Weisungen der römischen Amtskirche richten. Viele sehen in kirchlichen Äußerungen keine verbindlichen Lehren mehr. Auch dann, wenn sich die Christinnen und Christen in der Kirche engagieren, gehen sie in den Bereich der Sexualmoral zur offiziellen kirchlichen Meinung auf Distanz. Das ständige Moralisieren hilft auf Dauer nicht weiter!

Die aufgrund des Zölibates sexuell frustrierten einzelner Geistlichen wollen auch allen anderen die Freude an sexueller Erfahrungen vermiesen. Auch wenn die Etikettierung nicht für alle römische Geistliche betreffen und übertragen werden kann, gibt es doch vielleicht die unbegründete Sorge, als „weltfremder geistlicher Moralist" abgestempelt und abgelehnt zu werden. Wie gesagt, diese Etikettierung ist nicht auf alle Geistliche zu übertragen, es gibt auch viele Ausnahmen!

Merkwürdig aber ist, dass sich gerade Zölibatäre berufen fühlen, über Dinge zu urteilen, zu reden und zu bestimmen, von denen sie gar keine Ahnung haben dürfen und können. Wer anderen in Liebe begegnen will, muss vorher selbst gelernt haben, sich selbst zu lieben, und ein gewisses Selbstvertrauen und Selbstsicherheit besitzen. Selbstliebe und Selbsterkennen ist nichts Fertiges, sondern müssen immer wieder aufs Neue gepflegt und entfaltet werden. Darin liegt eine entscheidende christliche Aufgabe der Kirchen. Eine Kirchengemeinde soll ein Ort sein, in denen Liebe und gegenseitige Annahme erfahrbar werden. Diese Liebe dagegen wurde von pädophilen Geistlichen missverstanden und missbraucht. ***Die römische Amtskirche braucht zugegeben in Zukunft mehr Mut, aus ihrer Verantwortung des Evangeliums offen über das Thema Sexualität und Zölibat zu sprechen und zu diskutieren, um bei vielen Christinnen und Christen den vorherrschenden Eindruck des negativ abgrenzenden abkanzelnden Moralismus vieler kirchenamtlicher Stellungnahmen zum Thema aufzuräumen.*** Kirchliche Normen dürfen nicht den Sinn bekommen, den Menschen in seinen Entfaltungsmöglichkeiten zu behindern und einzuschränken, sondern wichtige, für die menschliche Entfaltung wesentliche Werte zu schützen. Kirchliche Normen dürfen keine Verbotsschilder beinhalten, sondern sollen als Hinweisschilder helfen, die Eigenverantwortung stärken und einen Freiraum offenhalten, damit die eigene Entfaltungsmöglichkeit und Identität gefunden werden können.

Die Missbrauchsskandale immer wieder zu beschönigen und zu entschuldigen ist für die Kirche und eines Christen verantwortungslos! Wer nicht aufklären will, dem kann es am Ende passieren, dass er nicht mehr ernst genommen wird. Er verwirkt die Glaubwürdigkeit! Die Kirche tut gut daran ihren Heiligenschein von der Schuld zu reinigen, um Glaubwürdigkeit und Vertrauen wieder zu erlangen. Mitmenschlichkeit zeigen, sich bekennen zu den Missbrauchsskandalen, dass erfordert für die Kirche und vor allem für den Papst Mut und Zivilcourage. Für den Papst wäre es auch seine Christenpflicht Verantwortung zu übernehmen und zu zeigen.

Zu bedauern ist, dass der Papst sich zu den deutschen Missbrauchsskandalen noch nicht explizit geäußert hat. In einem Hirtenbrief an die irischen katholischen Katholiken entschuldigte er sich bei den Opfern sexueller Gewalt. Er fühle Scheu und Reue, heißt es in diesem Hirtenbrief. Das reicht aber nicht! Es gibt Bischöfe in der römischen Amtskirche, die die Taten durch Vertuschen ermöglicht haben. Man kümmerte sich nur um die Täter, die Opfer wurden vergessen. Das Ansehen der Kirche war und ist so manchen Bischöfen wichtiger als die lückenlose Aufklärung. Die römische Amtskirche beobachtet sogar eine Diffamierungskampagne gegen die katholische Kirche und gegen den Papst, die um die Missbrauchsfälle konstruiert werden. **Die Amtskirche kann nicht die Öffentlichkeit und Missbrauchsopfer dafür verantwortlich machen, wenn das eigene Versagen, das eigene schuldiges Verhalten unbequem wird, um am Ende noch Verständnis und Vergebung erwarten.** Jede Krise enthält den Keim einer großen Chance. Der Papst und seine Bischöfe müssen lernen, ihr Versagen und ihre Schuld in die eigenen Hände zunehmen, um nun endlich zu agieren, aktiv zu werden, Verantwortung zu übernehmen, um nicht immer Angreifen zu müssen. Eigentlich müsste die römische Amtskirche sich zutiefst schämen, wenn die Missbrauchsskandale als eine Diffamierungskampange abgekanzelt werden. Vielleicht wäre es zweckmäßig, das Kirchenpersonal, das letztlich versagt hat auszutauschen. So mancher müsste zurücktreten, um das Amt und die Kirche nicht länger zu beschädigen.

Es sei unverantwortlich, dass so mancher römischer Bischof und Geistliche bis heute kein ehrliches und echtes Ohr für diese einschneidende ernstzunehmende Krise hat, nicht willens ist, eine Gesprächsebene zu suchen, geschweige denn, eine zu finden. So wie diese römische Amtskirche, vor allem aber der Vatikan, führend durch den Papst, den Bischof von Rom widerspenstig mauert, hat dies nichts mit ihrem verantwortungsvollen Auftrag zu tun. Sich nicht nur um das Ansehen der Kirche und der Täter zu kümmern, sondern sich um alle – auch und vor allem den Missbrauchsopfern – zu kümmern, helfend und Mutmachend zur Seite zu stehen. Viel zu schnell wird bei so manchen Geistlichen und Bischöfen geurteilt und verurteilt.

Zugegeben: ***Auch wir „Laien“ sparen untereinander nicht mit spitzen Bemerkungen und womöglich unangebrachten Schuldzuweisungen.*** Wir machen dadurch nichts besser. Und doch müssen Missstände und Fehlentwicklungen enthüllt und angesprochen werden. Die Zeit des Mittelalters ist vorbei! Wir leben in einer anderen Zeit. Auch der „normale“ Christ, der Katholik und der evangelische Christ haben die Pflicht Missstände aufzudecken und anzuzeigen. Es darf keine Zeit mehr dafür verschwendet werden, Missstände und Fehlentwicklungen zu vertuschen und zu verheimlichen. **Christen erleben Christen leider zu wenig als wirkliche Mitmenschen, und ich bin auch immer wieder aufs Neue entsetzt, wie selbstgefällig und arrogant so manche Christen und kirchliche Amtsträger sein können.** Jesus sucht und braucht nicht zuerst Geweihte und solche mit Schleier, Habit, Mitra und Hirtenstab, nein, Jesus sucht und braucht Menschen wie Mutmacher, Trostgeber, Angstnehmer, Hoffnungswecker, Durststiller, mit und ohne besonderem Gewand. In der Kirche werden Menschen gebraucht, die den Müden, Darniederliegenden, Beladenen und Suchenden nahe sind, die Mitleid und Mitgefühl zeigen und ihnen für eine bestimmte Zeit eine Last abnehmen, in Wort und Tat. Jesukirche braucht

Menschen, die sich als Werkzeug dem Gott der Liebe und der Barmherzigkeit zur Verfügung stellen, die parteiisch für die Armen und Schwachen das Wort ergreifen, für die am Rand und im Dunkel, die Letzten -und Vergessenen in der Gesellschaft eintreten.

AUFGABE DER KIRCHE

In der Apostelgeschichte kann als Aufgabenbeschreibung der Kirche betrachtet werden: ***Sie hielten an der Lehre der Apostel fest und an der Gemeinschaft, am Brechen des Brotes und an den Gebeten".***[17] In Anlehnung an diese Bibelstelle sind die Aufgaben und Aktivitäten der Kirche: (1) Lehre der Bibel (2) Ort der Gemeinschaft für Gläubige (3) Abendmahl (4) Gebet aufgeführt.

Die Kirche soll die biblischen Schriften lehren, damit wir in unserem Glauben sicher sind und werden. Im Epheserbrief steht: ***„Wir sollen nicht mehr unmündige Kinder sein, ein Spiel der Wellen, hin und her getrieben von jedem Widerstreit der Meinungen, dem Betrug der Menschen ausgeliefert, der Verschlagenheit, die in die Irre führt. Wir wollen uns, von der Liebe geleitet, an die Wahrheit halten und in allem wachsen, bis wir ihn erreicht haben. Er, Christus, ist das Haupt. Durch ihn wird der ganze Leib zusammengefügt und gefestigt in jedem einzelnen Gelenk. Jedes trägt mit der Kraft, die ihm zugemessen ist. So wächst der Leib und wird in Liebe aufgebaut".*** [18]

Die Kirche sollte ein Ort der Gemeinschaft sein, wo Christen sich als Brüdern und Schwestern begegnen und sich gegenseitig ehren: ***„Seid einander in brüderlicher Liebe zugetan, übertrefft euch in gegenseitiger Achtung"***[19], ermahnen: ***„Meine Brüder, ich bin fest davon überzeugt, dass ihr viel Gutes tut, dass ihr reiche Erkenntnis besitzt und***

---

[17] Apostelgeschichte 2, Vers 42 (Einheitsübersetzung)
[18] Epheser 4,14-16
[19] Römer 12,10

selbst imstande seid, einander zurechtzuweisen"[20]***,*** freundlich und hilfsbereit zueinander sind: ***„Seid gütig zueinander, seid barmherzig, vergebt einander, weil auch Gott euch durch Christus vergeben hat"***[21]***,*** sich gegenseitig ermutigen: ***„Darum tröstet und ermahnt einander und einer richte den andern auf, wie ihr es schon tut"***[22] und am wichtigsten, einander mit Liebe begegnen: ***„Denn das ist die Botschaft, die ihr von Anfang an gehört habt: Wir sollen einander lieben"***[23].

Die Kirche soll ein Ort sein, wo Gläubige das Abendmahl feiern können und sich an Christi Tod und Blutvergießen für unsere Schuld erinnern: ***„Denn ich habe vom Herrn empfangen, was ich euch dann überliefert habe: Jesus, der Herr, nahm in der Nacht, in der er ausgeliefert wurde, Brot, sprach das Dankgebet, brach das Brot und sagte: Das ist mein Leib für euch. Tut dies zu meinem Gedächtnis! Ebenso nahm er nach dem Mahl den Kelch und sprach: Dieser Kelch ist der Neue Bund in meinem Blut. Tut dies, sooft ihr daraus trinkt, zu meinem Gedächtnis! Denn sooft ihr von diesem Brot esst und aus dem Kelch trinkt, verkündet ihr den Tod des Herrn, bis er kommt"***[24]***.***

Der Begriff des "Brotbrechens" ***„Sie hielten an der Lehre der Apostel fest und an der Gemeinschaft, am Brechen des Brotes und an den Gebeten"***[25] beinhaltet außerdem die Idee des gemeinsamen Essens, welches ein weiteres Beispiel der Kirche ist, Gemeinschaft zu fördern. Eine weitere Aufgabe der Kirche ist das Gebet. Die Kirche soll ein Ort sein, wo Gebet gefördert, gelehrt und praktiziert wird. Philipper ermutigt uns: ***„Sorgt euch um nichts, sondern bringt in jeder Lage betend und flehend eure Bitten mit Dank vor Gott! Und der Friede Gottes, der alles Verstehen übersteigt, wird eure Herzen und eure Gedanken in der Gemeinschaft mit Christus Jesus bewahren"***[26]***.*** Tut es mit Dank für all das, was Christus euch geschenkt hat.

Noch ein Auftrag der Kirche ist es die Frohe Botschaft der Auferstehung Jesu Christi bekannt zu machen und zu verkündigen: ***„Da trat Jesus auf sie zu und sagte zu ihnen: Mir ist alle Macht gegeben im Himmel und auf der Erde. Darum geht zu allen Völkern und macht alle Menschen zu meinen Jüngern; tauft sie auf den Namen des Vaters und des Sohnes und des Heiligen Geistes, und lehrt sie, alles zu befolgen, was ich***

---

[20] Römer 15,14
[21] Epheser 4,32
[22] 1. Thessalonicher 5,11
[23] 1.Johannes 3,11
[24] 1. Korinther 11,23-26
[25] Apostelgeschichte 2,42
[26] Philipper 4,6-7

euch geboten habe. Seid gewiss: Ich bin bei euch alle Tage bis zum Ende der Welt"; [27] ***„Aber ihr werdet die Kraft des Heiligen Geistes empfangen, der auf euch herabkommen wird; und ihr werdet meine Zeugen sein in Jerusalem und in ganz Judäa und Samarien und bis an die Grenzen der Erde".*** [28]

Die Kirche ist dazu berufen die frohe Botschaft mit Worten und Taten beteiligt zu werden. Die Kirche soll der Leuchtturm unserer Gesellschaft sein der Menschen zu unserem Herrn und Retter Jesu Christi führt. Die Kirche soll beides. Das Evangelium bekannt machen, zu verkündigen und Mitglieder dazu auszurüsten selbst das Evangelium zu verkünden.

Die Kirche soll den Bedürftigen dienen, indem sie nicht nur das Evangelium verkündet, sondern auch materielle Bedürfnisse (Lebensmittel, Kleidung, Obdach) nach Notwendigkeit und in angebrachter Weise versorgt. Die Kirche soll außerdem ihre Gläubigen mit dem notwendigen Werkzeug ausstatten, Sünde zu überwinden und frei von der Unreinheit der Welt zu bleiben. Was ist also nach all dem Gesagten die Aufgabe der Kirche? Mir gefällt die Darstellung in 1. Korinther 12, 12-27. Die Kirche ist der "Körper" Gottes - wir sind seine Hände, Mund und Füße in dieser Welt. Wir sollen das tun was Jesus tun würde wenn er körperlich auf der Erde wäre. Die Kirche soll "Christlich", "Christus-ähnlich" und Christus nachfolgend sein.

„Denn wie der Leib eine Einheit ist, doch viele Glieder hat, alle Glieder des Leibes aber, obgleich es viele sind, einen einzigen Leib bilden: So ist es auch mit Christus. Durch den einen Geist wurden wir in der Taufe alle in einen einzigen Leib aufgenommen, Juden und Griechen, Sklaven und Freie; und alle wurden wir mit dem einen Geist getränkt. Auch der Leib besteht nicht nur aus einem Glied, sondern aus vielen Gliedern. Wenn der Fuß sagt: Ich bin keine Hand, ich gehöre nicht zum Leib!, so gehört er doch zum Leib. Und wenn das Ohr sagt: Ich bin kein Auge, ich gehöre nicht zum Leib! so gehört es doch zum Leib. Wenn der ganze Leib nur Auge wäre, wo bliebe dann das Gehör? Wenn er nur Gehör wäre, wo bliebe dann der Geruchssinn? Nun aber hat Gott jedes einzelne Glied so in den Leib eingefügt, wie es seiner Absicht entsprach. Wären alle zusammen nur ein Glied, wo bliebe dann der Leib? So aber gibt es viele Glieder und doch nur einen Leib. Das Auge kann nicht zur Hand sagen: Ich bin nicht auf dich angewiesen. Der Kopf kann nicht zu den Füßen sagen: Ich brauche euch nicht. Im Gegenteil, gerade die schwächer scheinenden

---

[27] Matthäus 28,18-20
[28] Apostelgeschichte 1,8

Glieder des Leibes sind unentbehrlich. Denen, die wir für weniger edel ansehen, erweisen wir umso mehr Ehre und unseren weniger anständigen Gliedern begegnen wir mit mehr Anstand, während die anständigen das nicht nötig haben. Gott aber hat den Leib so zusammengefügt, dass er dem geringsten Glied mehr Ehre zukommen ließ, damit im Leib kein Zwiespalt entstehe, sondern alle Glieder einträchtig füreinander sorgen. Wenn darum ein Glied leidet, leiden alle Glieder mit; wenn ein Glied geehrt wird, freuen sich alle anderen mit ihm. Ihr aber seid der Leib Christi und jeder Einzelne ist ein Glied an ihm". [29]

Die Kirche soll also den Menschen all das geben, was sie ihnen zu geben hat, nämlich das Evangelium von Jesus Christus. Die Kirche darf niemals Menschen von der Liebe Jesu ausschließen. Sie hat den Auftrag, jedem Menschen Hoffnung zu schenken für das zeitliche und für das ewige Leben. Und die Kirche darf sich nicht vereinnahmen lassen von Ideologien und Gruppeninteressen innerhalb und außerhalb der Kirche, sondern dass sie stets der Liebe Gottes vertraut, die über alle unsere Grenzen hinweg jedem Menschen, ja der ganzen Schöpfung unverbrüchlich gilt.

Unsere Kirche kann nur dann Kirche für alle sein, wenn sie sich ständig verändert und erneuert. Das beinhaltet, von Erstarrung und Verkrustungen in Amtlichkeit und Bürokratie sich zu lösen und zu befreien. Eine Erneuerung und Veränderung im bestehenden Rahmen ist möglich. Unsere Kirche hätte neue Impulse nötig und sie muss lernen auf neue Vorschläge von außen einzugehen. So kann man nun über einzelne, ganz konkrete Verbesserungsvorschläge wie wichtige Reformen reden. Auf diese Weise wird die Kritik am ganzen System wieder auf einzelne verkrustende Punkte innerhalb des Systems gelenkt.

„Richtet euch nach ihren Vorschriften! Folgt aber nicht ihrem Beispiel! Denn sie selber tun nicht, was sie von den anderen verlangen. Sie bürden den Menschen unerträgliche Lasten auf, doch sie selbst rühren keinen Finger, um diese Lasten zu tragen. Mit allem, was sie tun, stellen sie sich zur Schau. Am Arm tragen sie breite Gebetsriemen und an den Gewändern riesige Quasten" [30]

Es gibt Menschen, die mit Macht zeigen wollen, dass sie "WER" sind. Sie freuen sich, wenn man sie mit Namen kennt und sie in der Öffentlichkeit lobend erwähnt. Haben sie

---

[29] 1. Korinther 12, 12-27
[30] Matthäus 23, 3-5

etwas sehr gut gemacht, sollen es möglichst viele erfahren. Hier geht es um **Erwachsene**, die sich gern ihrer Taten rühmen.

Dieses Bestreben, von oben auf andere herabzusehen, liegt sehr vielen Menschen innerhalb und außerhalb der Kirche am Herzen. Es ist ja auch viel angenehmer, über andere zu bestimmen, als von anderen bestimmt zu werden. Auf dem Stuhl des Moses bzw. auf dem Stuhl Christi sitzen sie. Doch sie sind schlechte Vorbilder. Bei ihnen stimmen **Lehre** und **Leben** nicht überein. Sie gelten als fromme Vorbilder. Jesus kritisiert ihre Art, das **Kirchengesetz und Moral** zu predigen. Ständig wiederholen sie das göttliche *„Du sollst...!“* bzw. *„Du sollst nicht...!“*. Auch nachdem die Menschen ihre Vergehen erkannt und bereut hatten, blieben die Worte der Pharisäer und Schriftgelehrten: *„Du sollst!, Du sollst nicht!“* Wer sich die Worte also zu Herzen nahm, musste unter der Last zusammenbrechen. Das **göttliche** Gesetz war zu einer **unerträglichen** Last geworden. Das kennen wir aus eigener Erfahrung? Wir haben einen Fehler begangen und erkannt. Statt uns zu helfen, den Schaden zu begrenzen, erinnert uns jemand immer und immer wieder an den **Fehler**. Das ist grausam!

Genauso grausam war die Predigt der Pharisäer und Schriftgelehrten. Sie hatten den Sinn des Gesetzes nicht recht erkannt. Sie hielten es wohl den Israeliten, aber nicht sich **selbst** als **Spiegel** vor. Außerdem vergaßen sie die bußfertigen Sünder auf den hinzuweisen, der von Gott als Retter angekündigt war.

Das führte dazu, dass sie sich selbst als **sündlose**, rechtschaffene Männer ansahen und alle anderen Leute als Sünder verachteten. Sie erhoben sich damit über ihre Schwestern und Brüder und vergaßen die zweite Gesetzestafel: ***„Du sollst deinen Nächsten lieben, wie dich selbst!“***[31]

So soll es in der Kirche Jesu Christi nicht sein. Jesu Gemeinde besteht aus lauter Brüdern und Schwestern. Da ist keiner besser als der andere! Kein Gemeinde- und Kirchenglied ist da ausgenommen, ganz gleich, ob es ein Amt in der Gemeinde hat oder nicht. **„Wir sind allesamt Sünder und ermangeln des Ruhmes, den wir bei Gott haben sollten“,**[32] beklagt der Apostel unseren Zustand. Vielleicht unterscheiden sich unsere **Tatsünden**. Aber ob jemand viel oder wenig, öffentlich oder verborgen gegen Gottes Gebote verstößt, oder ob er vergisst, danach zu handeln – eine **einzige** Sünde verdammt uns

---

[31] 3 Mose 19,18
[32] Römer 3,23

schon. Viel wichtiger ist, wir haben einen gemeinsamen **Vater**! ***„Er ist der rechte Vater über alles, was da Kinder heißt im Himmel und auf Erden“***[33] Wir sind Kinder des himmlischen Vaters, des lebendigen Gottes. Er hat uns durch den Heiligen Geist zu seinen Kindern gemacht, als er in uns den Glauben anfing.

„Sind wir aber Kinder, so sind wir auch Erben, nämlich Gottes Erben und Miterben Christi, wenn wir denn mit ihm leiden, damit wir auch mit zur Herrlichkeit erhoben werden.“[34]

Die Gemeinde und die Kirche Jesu ist eine Gemeinde, die allein aus Geschwistern besteht. Und doch zeigt schon unser Bibelabschnitt, dass es in der Kirche ein Amt geben soll. ***Denn Jesus spricht nicht gegen das Amt des Stuhles Moses, sondern lediglich gegen die schlechten Verwalter, die ihr Amt missbrauchen.***

Jesus hat nichts gegen das **Predigtamt**. Er selbst hat es vor seiner Himmelfahrt gestiftet: „***Darum geht zu allen Völkern und macht alle Menschen zu meinen Jüngern; tauft sie auf den Namen des Vaters und des Sohnes und des Heiligen Geistes, und lehrt sie, alles zu befolgen, was ich euch geboten habe. Seid gewiss: Ich bin bei euch alle Tage bis zum Ende der Welt“.***[35] Und bis heute beruft Gott selbst Männer und Frauen durch die Gemeinden in seinen Dienst. Der unmittelbar von Christus berufene Apostel Paulus legte den Ältesten von Ephesus bei seinem Abschied ans Herz***: „Gebt Acht auf euch und auf die ganze Herde, in der euch der Heilige Geist zu Bischöfen bestellt hat, damit ihr als Hirten für die Kirche Gottes sorgt, die er sich durch das Blut seines eigenen Sohnes erworben hat“.***[36] Ja, es steht zweifelsfrei fest: Jesus will das Predigtamt in seiner Kirche bis zum Jüngsten Tag. Und die Aufgabe der Amtsträger ist es, die Gläubigen und Menschen zu lehren und wie ein Hirte zu weiden. Das können wir schon aus Jesu **Bergpredigt** und seinem **Missionsbefehl** entnehmen: „***Wer auch nur eines von den kleinsten Geboten aufhebt und die Menschen entsprechend lehrt, der wird im Himmelreich der Kleinste sein. Wer sie aber hält und halten lehrt, der wird groß sein im Himmelreich“.***[37] ***„...und lehrt sie, alles zu befolgen, was ich euch geboten habe. Seid gewiss: Ich bin bei euch alle Tage bis zum Ende der Welt“.***[38]

---

[33] Epheser 4,15
[34] Römer 8,17
[35] Matthäus 28,19-20
[36] Apostelgeschichte 20,28
[37] Matthäus 5,19
[38] Matthäus 28,20

Obwohl die Kirche Jesu aus Brüdern und Schwestern besteht, gibt es in ihr doch besondere Personen, die ein Amt inne haben. Diese sind von Christus selbst eingesetzt, über die Gemeinde und Kirche zu wachen, sie mit Wort und Sakrament zu versorgen. Wie ist nun die Warnung Jesu zu verstehen? ***„Aber ihr sollt euch nicht Rabbi, nicht Lehrer nennen lassen; denn einer ist euer Meister; ihr aber seid alle Brüder.“*** [39] Wer sein Amt in rechter Weise versteht und erledigt, der wird nicht zulassen, dass durch seine eigene Person der Herr der Kirche, Jesus Christus, verdrängt oder missbraucht wird. Wer Christus nicht allezeit seinen Rabbi und Lehrmeister sein lässt, der verliert ihn! Es darf auf keinen Fall dazu kommen, dass Menschen wie Bischöfe und Päpste an die Stelle Gottes treten. Im Verhältnis zu Gott sind wir alle Brüder und Schwestern, **doch in der Kirche hat allein Jesus Christus Amtsträger eingesetzt, die auf dem Lehrstuhl sitzen.** Sie tragen eine besondere und eine große Verantwortung! Die Amtsträger in der Kirche Jesu Christi sollen **Diener** sein. Zuerst sind sie Diener **Christi**.

Sie sollen alles lehren, was er befohlen hat ***„...und lehrt sie, alles zu befolgen, was ich euch geboten habe. Seid gewiss: Ich bin bei euch alle Tage bis zum Ende der Welt“*** [40] – nicht mehr, aber auch nicht weniger. Und sie dürfen dabei auf ihr Amt hinweisen. Das hat beispielsweise Paulus getan, als er an die Korinther schrieb: ***„Wir sind also Gesandte an Christi statt, und Gott ist es, der durch uns mahnt. Wir bitten an Christi statt: Lasst euch mit Gott versöhnen!“*** [41] Verboten ist es also nicht, sich beispielsweise mit dem Amtstitel anreden zu lassen. Sie sind gleichfalls **Diener** der Kirche. Deshalb betont Jesus: ***„Der größte unter euch soll euer Diener sein.“*** Dass müssen sich alle Priester und Pastoren zu Herzen nehmen und sich besonders sagen lassen. Doch es gilt nicht allein den Geistlichen, sondern allen Gemeinde- und Kirchenmitgliedern! Wer ein ihm von Gott anvertrautes Amt in der Gemeinde und Kirche recht ausrichtet, der sucht nicht seine **eigene Ehre**, sondern die Ehre dessen, der ihn berufen hat.

„Der bindet die Menschen nicht an sich, sondern an Christus. Der schart auch die Menschen nicht um seine Person, sondern um Gottes Wort und Sakrament. Der verkündigt das Gesetz in aller Schärfe und das Evangelium in aller Süße. Der sonnt sich nicht in seinem Amt, sondern sieht dasselbe als das, was es ist: als Dienst für seinen Herrn und Erlöser Christus und für die Gemeinde. Jesus ist der Meister in seiner Kirche, die Gemeinde aber besteht aus lauter Glaubensgeschwistern. Doch in

[39] Matthäus 23, 8-10
[40] Matthäus 28,20
[41] 2. Korinther 5,20

derselben hat er einige zu Amtsträgern berufen, die jedoch nicht Herren, sondern ausschließlich Diener sind". [42]

Jesus will und sucht für die Kirche allezeit treue und aufrichte Hirten, die allein durch Jesus Christus und nicht durch die Kirche, berufen sind zu seiner Ehre und zu unser aller Nutzen in dieser Treue zu Dienen und als Verwalter die Schätze des Evangeliums zu bewahren.

Christus ist der Mittelpunkt! Christus der der Eckstein der Kirche! Er allein ist maßgebend, er hält vom Fundament her die ganze Kirche zusammen. Kirche bedeutet, in diesem Haus kann und darf ich wohnen, ich bin geschützt durch das Dach Christi. Jesus hat keine Institution Kirche gegründet, er hat sie erweckt und erweckt sie heute noch. Kirche Jesu Christi bedeutet: Alle dürfen kommen. Denn Gott allein ist der Gastgeber. Gott lädt alle ein, und an Suchenden und Fragenden wird es wohl auch in Zukunft nicht fehlen. Die Institution Kirche hat eine dienende Funktion! Papst, Bischöfe und Geistliche werden oft als die offiziellen „Stellvertreter Christi" bezeichnet. Dabei wird meist übersehen, dass jeder Mensch, nach dem Jesusprinzip Liebe denken, handeln und leben wollen. Und wer nach diesem Grundsatz, nach dem Gebot der Liebe handelt und lebt, ist ein Stellvertreter Christi auf Erden, was in jedem liebenden Menschen Wirklichkeit wird und zu sehen ist.

---

[42] Pfarrer Uwe Klärner

EIN WEG MIT JESUS

Missbrauchsopfer gehen einen bitteren Weg der Verzweiflung und der Schuld. Es ist ein Weg der Trauer, ein Weg der seelischen Einsamkeit. Die Kirche und alle Christinnen und Christen haben einen besonderen Auftrag: ***„Was ihr für einen meiner geringsten Brüder getan habt, das habt ihr mir getan.“*** [43] Jede und Jeder, der an Körper, Geist und Seele missbraucht wurde, ist und bleibt ein „Ebenbild Gottes“. Auch ein Missbrauchsopfer, der die Persönlichkeit durch seelische Gewalt und sexuellen Missbrauch verloren hat, bleibt trotz allem ein wunderbares Geschöpf Gottes, ja, von Gott geliebt. Ein Geschöpf, ein Mensch, dem Gott eine Seele eingehaucht und höchste Würde verliehen hat.

Das Wort Jesu ***„Was ihr für einen meiner geringsten Brüder getan habt, das habt ihr mir getan“*** zeigt uns parallel den erniedrigten und geschundenen Christus: Wer Schweres durchmachen muss, hat Anteil am Leid und am Kreuz Jesu. Im Jesu leiden sehen wir nicht nur das Leid dieser Welt, sondern und vor allem auch die Missbrauchsopfer. Sie alle haben Anteil am Kreuz Jesu und aus diesem Grunde sind sie auch in besonderer Weise ihm sehr Nahe und ähnlich. Wer das Kreuz und den Auftrag Jesu ernst nimmt, der kann und darf die skandalösen Missbrauchsfälle nicht verheimlichen und verschweigen, der darf seine Mitschuld nicht beschönigen. Wer so tut und agiert, handelt lieblos und herzlos! Ich höre Jesus sagen: ***„Du sollst den Herrn, deinen Gott, lieben von ganzem Herzen, von ganzer Seele und von ganzem Gemüt.“***[44] ***„Du sollst deinen Nächsten lieben wie dich selbst.“*** [45] Ich weiß, dass das, was Jesus von uns und von jedem Geistlichen fordert, eine harte Zumutung ist, denn der Nächste ist der Mensch, mit dem ich jetzt gerade mehr oder weniger zufällig zu tun habe und es ist der Mensch, der mir für eine bestimmte Zeit anvertraut wurde. Das Verhalten, die Verzweiflung und Erleben eines jeden Menschen, eines jeden Missbrauchsopfer, in seiner jetzigen Lebenslage lässt sich nur dann verstehen, ausfindig machen und erahnen, wenn wir nur ansatzweise bereit wären die Verzweiflung, die Ängste der Opfer zu verstehen. Der Glaube an Jesus Christus sowie an das **Wort *„was ihr, was du für einen meiner geringsten Brüder getan habt, das habt ihr mir getan“,*** läuft darauf hinaus, wieder mal was abzuverlangen, nämlich: noch mehr geben. Demut und Achtung vor dem Leben eines jeden Menschen, die Wertschätzung eines jeden Menschen und jene Nächstenliebe, wo jede und jeder von uns geschätzt ist. *Was immer für*

---

[43] Evangelium nach Matthäus Kapitel 25, Vers 40
[44] 5. Buch Mose 6 Kapitel, Vers 5; Evangelium nach Matthäus 22. Kapitel, Vers 37 a.
[45] 3. Buch Mose 19. Kapitel, Vers 18; Matthäus Evangelium 22. Kapitel, Vers 39 a

einen Nächsten getan wird, wird so belohnt, als habe man es ihm selbst getan. Was immer wir aber unterlassen, verheimlichen, beschönigen, verschweigen, wird am Ende so belohnt, als habe man für das Opfer, für den Menschen nichts getan!

Habe ich in diesem Sinne eine Spur hinterlassen? Ich denke, nicht der Wunsch nach Lob durch Gott oder nach Ewigkeit drängt diese Frage auf. Vielleicht ist es eher der verborgene Wunsch nach Anerkennung und Bestätigung und hat etwas Narzisstisches, Selbstverliebtes. Wie dem auch sei. Die Frage nach dem Sinn liegt offen oder verborgen für jeden Menschen, für jeden Geistlichen auf dem Tisch. Und damit die Frage nach Spur, Weg und Ziel. Die Antwort Jesu auf die Frage nach dem Ziel ist deutlich: Es ist das Gericht. Das mag so mancher Priester ablehnen. "Das kann ich mir nicht vorstellen. Ich kann mir Gott sowieso nicht vorstellen“, sagt der Distanzierte. "Das passt nicht in mein Gottesbild", sagt der andere, "für mich ist Gott immer Güte und Liebe." Ehrenwerte Antworten sind das, aber für mich ist der Gedanke des Gerichtes in der Verkündigung Jesu sehr wichtig. Ich übersetze ihn für mich so: ***Es ist nicht alles gleichgültig, was ein Mensch in seinem Leben gelebt hat.*** Ich muss mein Leben verantworten. Ohne eine Art Bestandsaufnahme am Ende, ohne ein Anschauen meines Lebens durch ein objektives, aber verstehendes Auge wäre doch alles egal, was ich getan und gelebt habe. So stelle ich die Frage nach dem Gericht nicht aus Angst mit einem Gefühl der Bedrohtheit, sondern aus Liebe und Achtung vor dem Leben. Es wird ernstgenommen, was ich gelebt habe. Eine Spur hinterlässt gewiss jeder Priester. Denn an keinem geht das Leben spurlos vorüber. Fragt sich nur, welche Spur. Christus beschreibt diese Spur eindeutig: ***Dem Opfer, dem Missbrauchsopfer sich zuwenden.*** Das hinterlässt eine Spur. Allen Spuren gemeinsam ist die Zuwendung zu anderen Menschen. Sie mögen jetzt vielleicht ihre Spur prüfen. Dem Wort Jesu gemäß kann diese Prüfung nur von einem anderen als von uns selbst vorgenommen werden. Denn alles hat mit dem anderen Menschen zu tun, in den sich meine Spur eingegraben hat. Und das Überraschende an der Geschichte Jesu ist: Sie haben zwar alles versucht um Missstände in der Kirche zu beseitigen und haben versucht das Opfer in den Mittelpunkt zu stellen, aber sie haben in ihnen nicht Christus erkannt. Sie haben nicht mit Absicht, nicht mit Berechnung gehandelt. Beruhigt Sie das? Oder heißt das, alles, was ich bewusst an Barmherzigkeit gegeben habe, zählt nicht? Ich weiß es nicht. Jedenfalls zerstreut Jesus als Richter alle Gewissheit eines berechnenden Handelns. Nur, einige Priester und Bischöfe haben nicht genau hingeschaut. Darauf möchte man reagieren. "Ja, ich habe gewiss etliches übersehen. Aber, wie sollte ich auch alles sehen. Die Welt ist so komplex geworden!" Wenn der Richter sein Urteil spricht, gibt es keine Diskussion mehr.

Sie haben nur einfach nicht gehandelt. Da ist es so wie in dem Gleichnis von den drei Knechten. Der eine erhält fünf Zentner Silber, der andere drei, der dritte ein Zentner. Zwei wuchern damit, der dritte vergräbt es, um es unbeschädigt wieder zurückgeben zu können. Das Vergraben war seine einzige Tat. Da denke ich doch: Wenn Gottes neue Welt anbricht, möchte ich lieber mit schmutzigen Händen dastehen als mit sauberen, leeren Händen, lieber verwundet als aalglatt.

Das ist der Maßstab für die Kirche und für alle Menschen: Was ich aus Glauben in Liebe getan habe, wo ich barmherzig war, was ich an Schuld und Versagen enthüllt habe, da zeigt sich die wahre Kirche und ein wahrer Glaube. Damit ist die Frage nach dem Sinn beantwortet: Barmherzigkeit zu leben, glaubwürdig zu leben, zu sehen, dass wir Menschen in Zusammenhängen leben, nicht für uns sind - und das über alle Grenzen von Nationalität und Religion hinaus. Bonhoeffer hat diese Art der Erfahrung auf einen Spitzensatz gebracht: ***Da wird der Bruder dir zum Christus.*** Die Frage nach meinen Spuren bleibt ein elementares Anliegen. Die Frage, wo ich im Gericht stehen werde, ist damit nicht beantwortet. Aber auf eines freue ich mich angesichts der Situation, dass Gott mein und deren Leben ansieht: ***Ich werde die Wahrheit über mein Leben erfahren, die Wahrheit, nach der ich so lange gesucht habe.*** So mancher Bischof und Priester, die Schuld und Versagen auf sich aufhalsten, müssen vor Gott Verantwortung für ihr Tun und Versäumen übernehmen und tragen. Da kann am Ende nichts verheimlicht werden.

Christsein bedeutet nicht, perfekt sein zu müssen, kirchliche Rituale korrekt einzuhalten und diese zu leben. Christsein bedeutet auch und vor allem, Fehler machen und Schwäche zeigen zu dürfen. Man muss aber auch dazu offen stehen. Es geht nicht darum theologisch professionell zu sein, Gottesdienste vollkommen zelebrieren zu können, ein Leben voller Vollkommenheit vorzuleben, was kein Mensch leben kann. Wer so sein Leben ausrichtet, wer so seinen Glauben sieht und lebt, wird am Ende seines Lebens nicht glücklich werden. Denn dieser verfehlt das wahre schöne Leben und die wahre Liebe Gottes. Gott will kein einwandfreies und perfektes Leben, was uns die römische Kirche immer wieder predigen will, was sie aber selber nicht einhalten und leben kann. Das ist das eigentliche Übel. Jesus will uns allen sagen: ***Liebe ist mehr wert als tausend kirchliche Normen und Regeln; nur jene Liebe zählt, die dafür sorgt, dass das menschliche Dasein menschlicher wird. Jesus will kein hölzernes starres Priesteramt, sondern ein menschliches offenes Amt, das sich nicht quer zum wirklichen Leben legt.*** Das priesterliche Leben wird nur menschlicher, wenn der Priester dazu fähig ist, ja zu sich selbst, zu seinen Möglichkeiten und zu seinen Grenzen zu sagen. In dem Maß, wie wir Ja sagen können, werden wir und so mancher Priester glücklich sein und das erreichen, was uns als Menschen und als Priester möglich ist.

Jesus wird einem pädophilen Priester und einem Bischof am Ende nicht fragen, wie viel er geleistet hat, sondern was er getan, ausgefressen und versäumt hat, und ob er als Priester und Bischof seinen priesterlichen Dienst in wahrer Liebe und verantwortungsbewusst gegenüber seinen Nächsten und gegenüber seinen Schutzbefohlenen gelebt und erfüllt hat. Dass es zum Menschsein dazugehört, dass ich und viele andere auch Fehler haben und machen, habe ich bereits erwähnt. Das ist es, was Jesus will, dass wir und jeder selbst dazu stehen und den angeblichen Heiligenschein abnehmen. Wenn ein Priester und ein Bischof sich dazu entschieden hat, christliche Nächstenliebe bewusst zu leben, dann muss ER auch sein eigenes Verhalten im Sinne des Evangeliums überdenken und notfalls da, wo es angebracht ist korrigieren. Alles andere wäre doch scheinheilig! Das Wissen allein, dass ich von Gott geliebt und wertgeschätzt bin und ich mich durch seine Liebe des Vaters angenommen weiß, bedeutet nicht einen Heiligenschein zu besitzen. Dieses Wissen besagt eins, dass ich diese Liebe und Wertschätzung nicht missbrauche, sondern auch anderen Menschen weitergeben soll und muss. Ein Priester, ein Christ ist nicht dadurch Christ und Priester, weil er an die römische katholische Kirche glaubt und den Papst verehrt, oder ein bestimmtes christliches Programm befolgt, nein im Gegenteil! **Christ und wahrer Priester ist nur der, weil er mit Jesus Christus gestorben und auferstanden ist und mit ihm lebt.** In das Leid der Welt hat Gott uns alle bestellt und gestellt, um sein Evangelium in Worten und Taten zu bezeugen: **„Was ihr für einen meiner geringsten Brüder getan habt, das habt ihr mir getan", und, „du sollst den Herrn, deinen Gott lieben mit ganzem Herzen und ganzer Seele, mit all deiner Kraft und all deinen Gedanken" und: „deinen Nächsten sollst du lieben wie dich selbst." Damit will er für das priesterliche Amt eines zum Ausdruck bringen: „als Priester und Geistlicher musst du nicht perfekt sein, du musst dich nicht beeilen, und sei nicht so streng mit dir, du musst es mir und vor allem der Kirche nicht immer recht machen, du musst nicht immer stark sein – öffne dein Herz zu mir, zu Jesus, und liebe."**

Jesus Christus hat uns Menschen und vor allem den Geistlichen damit betraut, seinen Ruf zu wahren: ***„Denn euretwegen wird Gottes Name gelästert unter den Heiden"....[46].***

[46] Römerbrief 2. Kapitel, Vers 24

Einige in der Amtskirche müssen lernen, anderen in Freude zu dienen und dabei mit Würde handeln, damit sie nicht zu einem Stolperstein für jene werden, die Jesus suchen. Jesus soll für die Priesterschaft ein Ideal sein, denn ER (Jesus) diente mit Würde und Hingabe. Nur gottgegebene Überzeugungen können so manchen Priester und Geistlichen helfen, in ihrem Ruf des Dienens zu verharren, wenn sie auf Gott mit ganzem Herzen vertrauen.

Zu den skandalösen Missbrauchsfällen ist eines noch hinzuzufügen: ***Licht will ins Dunkel kommen und leuchten. Was lastet da für eine enorme Verantwortung auf die Kirche!*** Trotz allem gibt es viele Christen, die in diesen schwierigen Tagen und Zeiten, die Verantwortung übernehmen, die das Christsein nicht nur von der Kanzel verkündigen, sondern auch im Umgang mit dem Nächsten und im alltäglichen Leben auch leben. Die Kirche sollte zuerst und vor allem, Menschen, Wegbegleiter sein. Jesu Leben war ein Leben für Gott! Die Amtskirchen beider Konfessionen brauchen für die Zukunft streitbare Mitglieder, die unbequem und laut denken, die Unmut in der verstaubten Kirche erwecken, um wieder aktives, lebendiges Leben in den Kirchen einhauchen. In den letzten Tagen sahen wir, dass das Christsein schwerer zu leben ist im alltäglichen Leben. Und doch gibt es ermutigende Begegnungen mit Menschen innerhalb und außerhalb einer Amtskirche mit einer neuen Kraftquelle. Sie machen Mut, an das Gute zu glauben. Die skandalösen Missbrauchsfälle dürfen nicht vergessen werden, die Kirche muss daraus lernen und notwenige Konsequenzen ziehen und einleiten.

Wir sollten vorsichtig sein, Geistliche beider Konfessionen nicht nach ihrer Bibel in Leder gebundenen und mit Goldschnitt versehen zu beurteilen, sondern nach ihren Verhalten und Vorbild außerhalb eines Gotteshauses. Nach einem Gottesdienst, wenn die Bibel zugeklappt in der Schublade eines Schreibtisches verschwindet, wenn es heißt, nach dem Vorbild des Evangeliums zu leben, wenn es heißt, Christenmensch zu sein, egal, ob römisch katholisch oder evangelisch. Wir sollten uns darauf konzentrieren, um dann zu entscheiden, ob ihr Tun und Verhalten für mich, für uns, für die Kirche nachahmungswürdig ist, oder ob es besser wäre, anderen Beispielen und Vorbildern zu folgen. Ein Gespür für jene zu bekommen, die ohne Skandale versuchen, in aller Bescheidenheit ihrem Leben einen echten Sinn zu geben. Wir sollten Augen und Ohren für alles offenhalten, was im Verborgenen aus christlicher Sicht heraus geschieht und gearbeitet wird.

Die römische Amtskirche muss jetzt in aller Notwendigkeit, ihre eigene Lage vorbehaltlos und schonungslos analysieren, wie es zu diesem Sturm und Vertrauensverlust in der Kirche hatte kommen können, wer die Verantwortung hat und trägt, und wer eine Verfehlung hatte zuschulden kommen lassen. Die Frage muss offen gestellt werden und sie muss gestattet sein: Wer trägt die Verantwortung? Und warum übernahm der Bischof von Rom, Papst Benedikt nicht das Kommando? Wir können anhand des Krisenmanagements des Papstes klar sehen, dass das Schiff Amtskirche ziellos umherirrt. Wie kann es sein, dass tausende Menschen nach wie vor den Papst verehren, der sie im Hinblick auf die Missstände in der Kirche schmählich im Stich lässt. Durch seine ungenügende Reformbereitschaft und vor allem durch seine konservative Haltung ist die römische Kirche erst in diese drückende Lage gekommen. Viele Menschen wenden sich von der Kirche ab. Der enorme Vertrauensverlust und Vertrauensbruch ist kaum mehr wieder gutzumachen und noch zu heilen. Wir dürfen nicht vergessen, beim Papst und Bischof von Rom, das Oberhaupt der römischen Kirche, laufen die Fäden zusammen.

Mit Christen verschiedener *Konfession* einen *Dialog* führen heißt lernen, mehr Partner als Gegner zu sein. Sicher gibt es im christlichen Glauben Unterschiede, die nicht aufgelöst werden können, und Spannungen, die auch notwendig sind. Der christliche Glaube lebt ja von dieser Spannung. Wir Christinnen und Christen, und vor allem die Amtsträger der Kirchen sind herausgefordert, immer wieder die erforderliche Balance zwischen den Unterschieden zu finden.

Wenn es den Kirchen gelingt, in der Unterschiedlichkeit ohne den Wahrheitsanspruch zu leben, dann ist das Leben in den Kirchen in einem starken Maß kreativ und schöpferisch, dann ist sie gesund, stark und für viele suchende Menschen wieder anziehend. Die Kirche Jesu lebt in der Vielfalt! Vielfalt ist der Gegensatz zu Intoleranz und sie wird der Kirche durch den Heiligen Geist geschenkt, sie soll sich als ein Leib mit vielen Gliedern verstehen, bei dem jedes Glied seinen ihm zugedachten Platz hat.

In der römischen Amtskirche gibt es ein ganz bestimmtes Bild: Es wird eine heile Welt gelebt – Vertrauensbruch, Missstände, Missbrauchsskandale, die offene Kritik an einzelnen Bischöfen und an den Papst – wird nicht geduldet. Kritik an den Papst, den Bischof von Rom ist nicht gestattet und noch erwünscht. Offene Kritik wird als „Gerede" abgekanzelt. Ist das richtig? Nein, es ist nicht richtig! Durch das Verhalten und Vorgehensweise so mancher Bischöfe und des Vatikans, verliert die christliche Kirche immer mehr an sozialem Ansehen in der Öffentlichkeit. Die äußere Ohnmacht verwandelt sich in eine innere. Aus Angst vor weiteren skandalösen Enthüllungen und vor allem vor den Angriffen von außen wird eine Mauer der Verschleierung, der Beschwichtigung und des Schweigens errichtet, hinter der man sich vor allen Angriffen zurückziehen kann. Nach innen und außen gibt es das Tabu der „Konfliktverleugnung“, es wird sorgfältig darauf geachtet, dass sich jeder in der Amtskirche an diese Gesetzmäßigkeit hält. So wird eine ***heile Welt, eine heile Kirche*** zelebriert und gepredigt, die es in Wahrheit schon lange nicht mehr gibt. Man leugnet die Probleme und versucht das Ansehen des Papstes, sein Pontifikat, das in Wirklichkeit massiv beschädigt ist, noch am Leben zu halten. Und wer offen Kritik übt, der wird schnell von der Amtskirche als Störenfried, als Antikatholisch und als Rebell gebrandmarkt. In dieser ***„Paradies-Kirche“*** darf es keine Störfälle nach außen geben; Kritik an den Papst und die Kritik an die rigide Amtskirche werden untersagt, weil dadurch das Pontifikat des Papstes und der römischen Kirche in Frage gestellt wäre oder werden könnte.

Eine solche Amtskirche lebt wie in einer Theateraufführung. Das Drehbuch ist fest niedergeschrieben, die einzelnen Szenen sind genau bestimmt, die Missstände, die Konflikte und die wachsende Kritik werden zurückgewiesen oder beschönigt. ***Ich habe das Gefühl, die römische Amtskirche begegnet sich wie einst in der biblischen Geschichte bei Adam und Eva in paradiesischer Unschuld!*** Jeder hat seine bestimmte Rolle und hat den Text zu kennen, den er zu sprechen hat. Eine derartige Gesinnung ist erschreckend, weil die Amtskirche den anderen nicht die erforderliche Freiheit lässt, selbstbewusster, ehrlicher, autonomer zu werden. Man fordert Einheit, die es in Wahrheit nicht gibt, und bedingungslose Solidarität, vor allem gegenüber den Tätern.

Indem man wichtige und unaufschiebbare Reformen in der Amtskirche zurückweist, übt man gegenüber den Papst Solidarität und stärkt somit seine geistliche Kompetenz und macht ihn praktisch zum Garanten der Nähe Gottes, zu einem „Christus auf Erden“, zum Vertreter Gottes selbst. Man erwartet die völlige Unterordnung nach dem Motto: *„Wer sie nicht leistet, wird aus dem Paradies vertrieben. Jeder muss sich richtig verhalten, unterordnen, ein falsches Wort gegen den Papst und gegen die Kirche, und der Zauber des Paradieses ist zerstört.“*

Ich habe das Gefühl, das der Vatikan Angst davor hat, der Pontifex könnte scheitern. Der Vatikan ist innerlich erstarrt. Trotz aller Beteuerungen der Aufklärung, ist eine lückenlose Aufklärung nicht sicher und man bemüht sich Krampfhaft, das Ansehen des Papstes und der Kirche zu sichern, ja, aufrechtzuerhalten.

Dank mutiger Opfer und den Medien, werden Lügen, Geheimhaltungen rasch enthüllt und das vergrößert die Unsicherheit der Amtskirche.

KIRCHE EIN SANATORIUMSFALL

Nun ist es an der Zeit und dringend nötig, sich um Konfliktlösungen und um unumgängliche Reformen zu bemühen. Tut sie es nicht, dann besteht unausweichlich die Gefahr, dass die Amtskirche noch mehr in den Sumpf der Trostlosigkeit und Krise gerät. Hier hilft es nur, die Amtskirche zum Sanatorium zu erklären, dann braucht niemand mehr die Krise zu verbergen. Man beklagt die furchtbare gottlose Welt und beweint das eigene Unheil.

Die Kirche hat vor weiteren skandalösen Missbrauchsfällen große Angst, und die Angst ist völlig normal und notwendig, weil man dann mit seinen eigenen Begrenzungen und Schattenseiten konfrontiert wird. Sie spürt eine tiefe innere Wunde. Sie tut gut daran, sich der Angst und die Verunsicherung einzugestehen. Wir müssen nicht besser sein als der Apostel Paulus. Zu ihm hat Gott gesagt: ***„Lass dir an meiner Gnade genügen; denn meine Kraft ist in den Schwachen mächtig."*** Und Paulus antwortet darauf sehr selbstbewusst: ***„Meine Gnade ist alles, was du brauchst. Meine Kraft zeigt sich in deiner Schwäche. Und nun bin ich zufrieden mit meiner Schwäche, damit die Kraft von Christus durch mich werden kann.“***[47]

Weil man wichtige Reformen in der Kirche zurückweist, übt man gegenüber den Papst Solidarität und stärkt seine geistliche Kompetenz und macht ihn praktisch zum Garanten der Nähe Gottes, zu einen „Christus auf Erden“, zum „Vertreter Gottes“ selbst. Man verlangt von allen römischen Geistlichen die völlige Unterordnung nach dem Motto: „Wer sie nicht leistet, wird aus dem Paradies vertrieben. Jeder muss sich „richtig“ verhalten, unterordnen, ein falsches Wort gegen den Papst und Kirche, und der Zauber des Paradieses ist zerstört.“

Die aktuelle Krise in der Kirche ist für die Christenheit eine enorme Belastung. Die Kirche braucht Lösungsstrategien, Methoden, um die größte Krise seit der Reformation zu überwinden. Krisen sind Störungen, die uns tief betreffen und oft eine grundsätzliche Desorientierung erzeugen. So möchte ich der Kirche Mut machen, die aktuelle Krise als eine Chance zu verstehen und anzugehen. ***Die römische Amtskirche muss begreifen, dass sie sich neu reformieren muss, dass sie nicht nur eine reine Kleriker- und Amtskirche sein darf.*** Verheimlichen, das totschweigen und beschönigen, als wäre alles nicht so

---

[47] 2. Korintherbrief 12. Kapitel, Vers 9

schlimm, ist nicht die heilsamste Lösung. Sie muss Konfliktfähiger werden. Und Konflikt- und Krisenbewältigung setzt die Fähigkeit voraus, Belastungen standhalten zu können.

Die Kirche hat eine Chance! Und deshalb sollten wir Augen und Ohren offenhalten für alles, was im Verborgenen aus christlichem Denken heraus geschieht. Vieles kann bewegt, verändert, erneuert und Vertrauen zurückgewonnen werden. Doch das zerstörte Vertrauen muss neu aufgebaut werden. Und aus diesem Grunde sollen und müssen wir gläubige Menschen, sich in der Kirche lautstark engagieren und für die Bewahrung der Kirche stark machen. Ich bin mir sicher, es sind vielmehr lebendige Christen unterwegs, als wir es wahrhaben wollen. Wir sind dazu aufgerufen –Laien wie Theologen- den totalen Ruin der Kirche zu verhindern. Und ich bin mir sicher, dass selbst bei dunkelsten Schatten, helles Licht erstrahlen muss und erstrahlen kann. ***Das gelingt aber nur, wenn wir auf Jesus schauen, denn er ist die Mitte der Kirche, er allein ist das Zentrum.***

„Ich glaube, dass Gott aus allem, auch aus dem Bösesten, Gutes entstehen lassen kann und will. Dafür braucht er Menschen, die sich alle Dinge zum Besten dienen lassen. Ich glaube, dass Gott uns in jeder Notlage so viel Widerstandskraft geben will, wie wir brauchen. Aber er gibt sie nicht im Voraus, damit wir uns nicht auf uns selbst, sondern allein auf ihn verlassen. In solchem Glauben müsste alle Angst vor der Zukunft überwunden sein“.[48]

[Ich glaube, dass auch unsere Fehler und Irrtümer nicht vergeblich sind, und dass es Gott nicht schwerer ist, mit ihnen fertig zu werden, als mit unseren vermeintlichen Guttaten.]

Ich glaube, dass Gott kein zeitloses Fatum ist, sondern dass er auf aufrichtige Gebete und verantwortliche Taten wartet und antwortet.“[49]

[48] Glaubensbekenntnis von Dietrich Bonhoeffer
[49] Das Glaubensbekenntnis von Dietrich Bonhoeffer . Kurze Anmerkung: Der Satz in eckigen Klammern gehört zum originalen Text, fehlt aber im Evangelischen Gesangbuch.)

JESUS – MITTE DER KIRCHE

Jesus ist der „Eine“, der, der alles eint, alles in Beziehung und wieder ins rechte Verhältnis bringen kann. Er ist der Mittelpunkt der Kirche, nicht die Amtskirche, nicht der Priester, nicht der Bischof und der Papst. Jesus sagt: ***„Wo zwei oder drei in meinem Namen versammelt sind, bin ich mitten unter ihnen,*** “ bin ich (Jesus) in ihrer Mitte.

„Jesus erzählte ihnen noch viele andere Gleichnisse, um ihnen das Reich Gottes begreiflich zu machen. Er sagte: „Man kann sich das Himmelreich auch am Beispiel eines Königs vorstellen, der ein großes Hochzeitsfest für seinen Sohn vorbereitete. Viele Gäste waren eingeladen, und als alles fertig war, schickte er seine Diener, um ihnen zu sagen, dass es Zeit wäre zu kommen. Doch keiner wollte kommen! Also schickte er andere Diener, die ihnen sagen sollten: Das Festmahl ist angerichtet, und das beste Fleisch wurde dafür gebraten. Alles ist bereit, beeilt euch! Doch die Gäste, die er eingeladen hatte, beachteten die Abgesandten gar nicht und gingen ihrer Arbeit nach. Der eine ging auf seinen Acker, ein anderer kümmerte sich um seine Geschäfte. Wieder andere packten die Boten und misshandelten sie, einige von ihnen töteten sie sogar. Da wurde der König zornig. Er schickte seine Soldaten aus. Sie sollten die Mörder umbringen und ihre Stadt in Brand setzen. Und zu seinen Dienern sagte er: Das Hochzeitsmahl ist bereit, und die Gäste, die ich eingeladen hatte, sind es nicht wert, dass ihnen diese Ehre zuteilwird. Deshalb geht hinaus an die Straßenecken und ladet jeden ein, dem ihr begegnet. Also brachten die Diener alle, die sie finden konnten, gute und schlechte Menschen, und der Festsaal war voller Gäste. Aber als der König hereinkam, um seine Gäste zu begrüßen, bemerkte er einen Mann, der nicht für eine Hochzeit gekleidet war. Mein Freund, fragte er ihn, wie kommt es, das du hier bist, ohne feierlich gekleidet zu sein, wie es sich für eine Hochzeit gehört? Der Mann wusste keine Antwort darauf. Da sagte der König zu seinen Dienern: Fesselt ihn an Händen und Füßen und werft ihn hinaus in die Dunkelheit, wo Weinen und Zähneknirschen herrschen. Denn viele sind eingeladen, aber nur wenige sind auserwählt.“ [50]

Eine sehr interessante Einladungsgeschichte. „Viele sind berufen (eingeladen), d.h. die Botschaft des Evangeliums erreicht viele Menschen, aber nur „wenige sind auserwählt“. Einige lehnen die Einladung ab, und sogar bei denen, die sie annehmen, sind einige, die

---

[50] Evangelium nach Matthäus 22. Kapitel, Verse 1-14 (vgl. Lukas 14. Kapitel, Verse 16-24)

fälschlicherweise bekennen. Alle, die auf das Evangelium wirklich hören, sind erwählt. Man kann nur dann etwas über seine Erwählung wissen, wenn man bereit ist, mit Jesus zu gehen. Alle sind aufgerufen, das Festmahl zu feiern. Gott lädt alle ein am Abendmahlstisch mit teilzunehmen, auch die, die nicht in das Bild, in den Entwurf der Institution Kirche entsprechen. Jesus hatte den Wunsch nach Einheit und er hatte das Abendmahl als Mahl der Einheit aller Christen eingesetzt. Niemand darf ausgeladen und ausgeschlossen werden. Sogar Judas durfte an diesem Abendmahl teilnehmen! Und ich kann mir nicht vorstellen, dass Jesus einen seiner Jünger und Jüngerinnen hinausgeschickt hätte, weil er oder sie nicht das richtige Abendmahlserständnis hatte. Der ganze Abendmahlsstreit ist absurd und für die Kirche insgesamt tragisch. Die Christen bestrafen sich selbst, weil sie theologische Dogmen und kirchliche Belange der Einladung Gottes vorziehen und als höher erachten. Gott lädt alle ein – alle dürfen kommen, egal welcher Konfession wir angehören. Wenn ich auch dazukommen will, muss ich es aber aushalten und ertragen, dass Gott alle hineinlässt, die Guten und die Bösen. Die Hochzeitsstimmung ist womöglich eine Hilfe, dass sich alle vertragen! ***Es gibt keinen konfessionsgebundenen Gott.*** Gott lädt alle ein, und ich bin mir sicher, an Mitessern wird es wohl nicht fehlen. Wir Menschen brauchen bei der Auslegung der Heiligen Schrift Anleitung und Hilfe von einem jesuanischen, Jesu begeisterten Menschen, nicht aber von einem Papst- und kirchlich begeisterten Menschen. ***Jesus allein ist das Ziel, ist der Weg und das Fundament der Kirche. Jesus ist die Verkörperung der wahren Liebe.*** Die Kirche schadet sich selbst, wenn sie den im Vermächtnis Jesu geäußerten Willen nach Einheit so leichtfertig aufs Spiel setzen. Jesus wollte und will mit dem Abendmahl seine Jünger und Jüngerinnen einen und stärken. Er wollte niemals eine Trennung herbeiführen. Die Abendmahlsdiskussion ist für die Einheit der Christen und der Kirche weder besonders hilfreich, noch ist es von der Bibel her abgleitet und begründbar.

„Am absurdesten und tragischsten ist in der Abendmahlsfrage der Streit der Theologen, wie genau sich die Wandlung von Brot und Wein in den Leib und das Blut Jesu vollzieht, eine Frage, die nicht nur unglaublich viel gedankliche und kreative Energie gebunden, sondern Kriege heraufbeschworen hat und bis auf den heutigen Tag die Kirchen voneinander trennt."[51]

[51] Dr. Klaus Douglass „Aufbruch zum neuen Gottesdienst"

Abendmahl und Eucharistie zusammen ist die wichtigste Lebensquelle der Kirche und der Menschen!

Die Kirche ist die Gemeinschaft all derer, die ihren Glauben als eine sichtbare Gemeinde, als „Sauerteig in der Welt“ leben will. Gewiss braucht eine Gemeinde ***sichtbare äußere*** Strukturen, das ist nicht anzuzweifeln. Doch zu bedenken ist, dass die ***äußere*** Struktur, also die Institution nur die Verpackung zeigt. Es gibt auch von Jesus begeisterte Menschen, die nicht einer Institution Kirche beitreten und angehören, die aber ***innerlich, mit ihrem Herzen doch zur Jesu Kirche gehören.*** Nicht das Papsttum, die Institution Kirche ist die Quelle der Wahrheit. ***Jesus Christus allein ist die Quelle der Wahrheit!***

Alle Institutionen in der Kirche hat nur eine dienende Funktion. Ein Papst, ein Bischof und alle Geistlichen sind und sollen ein „Diener aller Diener“ sein. Vor allem der Papst und die Bischöfe haben die Hauptverantwortung, „dass alle eins seien“. Es ist unsere Not und unser Unglauben, dass wir die Kirche stets an ihrer Verpackung messen. Wenn wir den Inhalt aber gründlicher betrachten, dann sehen wir Risse und Brüche. Es zeigt unsere menschliche Unzugänglichkeit, weil wir immer wieder nur auf die „Ämter“ schauen. Die Kirche hat und hatte immer Verpackungsprobleme. Nicht die Obrigkeit darf die Kirche leiten, sondern allein die Kraft der Liebe Christi soll die Kirche leiten, ohne zu herrschen. ***„Das Reich Gottes ist kein Machtapparat, keine Herrschaft wie die Herrschaft von Menschen. Keine glanzvolle Hofhaltung, wie die von Königen dieser Welt, wie von den Päpsten dieser Welt, auch wenn es schön sein mag, sich vorzustellen, wie Gott auf goldenem Thron sitzt, umgeben von seinen Höflingen...“***[52]

Der Papst, Bischöfe und Priester werden allzu gern und zu oft als die offiziellen „Stellvertreter Christi“ auf Erden betitelt. Nein, das sind sie nicht! Stellvertreter Christi bedeutet doch, dass in jedem liebenden Menschen Jesus ist und lebt. Und weil die Liebe Jesu in jedem liebenden Menschen besteht, kann Jesus gar keinen Stellvertreter auf Erden haben.

"Die Kirche ist exakt das, wogegen Jesus gepredigt hat."[53] Vielen fehlt jedoch das Entscheidende. Sie haben keine persönliche Beziehung zu Jesus Christus. Sie meinen, dass mit der Zugehörigkeit zu ihrer Kirche „alles in Butter“ ist. Die Bibel dagegen erwähnt einen ganz andern Punkt, worauf es in erster Linie ankommt: ***„Wer den Sohn Gottes hat, der***

---

[52] Nach Jörg Zink
[53] (Der Philosoph Friedrich Nietzsche in Tolstoj-Exzerpte, Nachlass November 1887-März 1888 VIII 11 [257] und [244])

hat das Leben; wer den Sohn Gottes nicht hat, der hat das Leben nicht"[54]. So lautet das Angebot der Bibel. So gesehen, ist die Zugehörigkeit zu einer Kirche oder Religion weniger wichtig, sondern allein ob man Jesus in seinem Herzen hat und ihn liebt. Was heißt das aber schon wieder? Einer der ersten Jünger Jesu hieß Andreas. Jesus beeindruckte ihn so sehr, dass er sofort seinen Bruder Simon suchte und ihm davon erzählte. Er sagte jedoch nicht: „Jetzt habe ich die richtige Religion gefunden." Nein, er sagte: ***„Ich habe Jesus, den von Gott versprochenen Retter gefunden. Ich habe das Fundament, die feste Burg gefunden"*** Dieser Jünger war ergriffen, weil ihm Jesus persönlich begegnet war. Keine *Kirche starb am Kreuz und bezahlte für unsere Schuld. Es geht also nicht um Kirche oder Religion,* ***es geht allein um Jesus Christus!*** Die Kirche soll der Leuchtturm unserer Gesellschaft sein, der Menschen zu unserem Herrn Jesu Christi führt. Die Kirche soll beides. Das Evangelium bekannt machen und Mitglieder dazu auszurüsten selbst das Evangelium zu verkünden. Die Kirche ist der "Körper" Gottes - wir sind seine Hände, Mund und Füße in dieser Welt. Wir sollen das tun was Jesus tun würde wenn er heute auf der Erde wäre. Die Kirche soll "Christlich", "Christus-ähnlich" und Christus nachfolgend sein.

Wir brauchen eine Kirche, die ohne Skandale und Skandälchen versuchen, in aller Bescheidenheit ihren Dienst und Auftrag mit Gewissenhaftigkeit auszuüben und zu leben. Die heutige Amtskirche, vor allem die römische katholische Kirche, befindet sich in einer schwersten Krise und sie ist von dunkelsten Wolken umgeben. In ihr muss zwingend, helles Licht wieder erstrahlen. Die Kirche braucht Bischöfe und Geistliche, die es wagen reformatorisch, also fortschrittlich, zu denken versuchen und den Mut besitzen, ihre Gedanken auch laut vor den Papst zu äußern. Und glücklicherweise bekommen diese immer mehr Rückendeckung aus dem gewöhnlichen Fußvolk. Es ist in der Sache keineswegs gedient aus der Kirche auszutreten. Ein aktiver Christ, egal ob katholisch oder evangelisch, kann mehr innerhalb der starren Amtskirche etwas bewirken als außerhalb einer Kirche, und er wird seine offene konstruktive Kritik gezielter anbringen können, als einer, der die Kirche als unwichtig und nutzlos betrachtet.

Diese Institution Kirche muss begreifen, dass sie sich neu reformieren muss, dass sie nicht mehr nur Klerikerkirche, Amtskirche sein darf, wenn man die Erschütterung begreift, dass eben Menschen, die ein Amt inne hatten, sich vergangen haben, Verbrechen begangen haben. Sie muss ihre Reformfähigkeit beweisen. Sie muss sich verändern, sie muss

---

[54] 1. Johannes 5,12

sich immer wieder neu eine Gestalt geben, auf die Zeit einlassen, sie muss begreifen, dass sie nicht nur und vor allem aus Klerikern, aus Bischöfen besteht, sondern das wandernde Volk Gottes, das sind Menschen höchst unterschiedlicher Begabungen und die deswegen auch unterschiedliche Verantwortungen in ihr übernehmen können, dass es eben auch das Priestertum aller Gläubigen gibt und nicht nur das der Geweihten. Dabei muss man die eigenen Wertvorstellungen nicht **völlig** aufgeben, aber sie überdenken, erneuern und an die aktuelle Zeit anpassen. Möge Gott uns allen und vor allem der Kirche immer mehr Menschen und Geistliche schenken, die bereit sind eine christliche Erneuerung zu wagen, dass die Verhinderer lebendigen Christentums bald Geschichte sind. Versteinerte Amtsträger sind sie ja schon lange. Wir brauchen eine lebendige Kirche, die Wärme und Hinwendung aufzeigen kann. Wer bei uns in der Kirche die Liebe sucht, der muss sie bei uns auch finden.

Fakt ist, Kirche ist und bleibt möglicherweise ein schwieriges Unternehmen, das fast immer großen Idealismus und Gottvertrauen abverlangt. Trotz aller Skandale und Kritik an das Unternehmen Kirche sind jene Männer und Frauen zu bewundern, die Entbehrungen, Ehelosigkeit und Enttäuschungen hinnehmen, unbeirrt aber ihren Weg des Glaubens gehen. **Ich zweifle keinen Augenblick daran, dass es viele katholische und evangelische Geistliche gibt, die ihre Berufung sehr ernst nehmen.** Wer in der Kirche lebt und arbeitet, da kann schon mal in Anbetracht der Skandale der Eifer verblasen und jener Elan nach und nach schleppend werden.

Was sollte die Kirche daraus lernen? Sie muss über ihre Papstherrlichkeit und Pfarrherrlichkeit, ihre Arroganz gegenüber den Laien überdenken. Was meine ich: Also, wenn ein evangelischer Pfarrer päpstlicher sein will als der Papst; wenn ein Papst sich als „süßer Christus auf Erden", oder als „stellvertreter Christus auf Erden" betitelt oder sich betiteln lässt, dann ist hier höchste Vorsicht geboten. Da denke ich an die Horrorszenen im Mittelalter. An allen Ecken scheint ein unheilverheißender Brand entflammt zu sein. Glücklicherweise gibt es eine Generation der mündigen Christen, die sich auf den Weg gemacht haben. Doch schade ist nur, dass nicht alle denselben Weg gehen und nicht dasselbe Ziel im Auge haben. Die einen gehen rückwärts, sind verbohrt und verstockt, bilden sich ein, mit Unnahbarkeit und Härte die Christen wieder unterjochen zu können und zu müssen. Denn ihr Ziel ist es, uneingeschränkte Macht in ihrer Papstherrlichkeit und absolute Papsttreue. Dann gibt es die Christen, die vorwärts gehen, die zugänglich sind für Reformen, offen für die Belange des Christenmenschen, hoffen dafür, den Christen eine größere

Freiheit und Eigenverantwortung einzuräumen. Ihr Ziel ist es, eine professionelle Seite der Seelsorge anzubieten, die Hinwendung und Hinführung zu Gott. Die offene und lautgedachte Kritik von Laien anzunehmen und hinzuhören, bereitsein für nötige Reformen von verstaubten und unmenschlichen Kirchengesetzen und sie sind offen für ein mündiges und lebendiges Christsein. Warum begreifen die kirchlichen Amtsträger nicht, dass sie auch nur Menschen aus Fleisch und Blut sind, dass sie so sein dürfen und nicht anders sein müssen; dass sie Fehler machen dürfen und nicht unfehlbar sein müssen; dass sie auch schwach sein dürfen und nicht immer stark sein müssen; dass sie auch lieben dürfen und nicht immer und auf Dauer entsagen müssen. Denn lebendiges Christsein bedeutet doch auch glücklich sein zu dürfen. Mit Bedauern ist aber festzustellen, dass die römische Amtskirche in einen Wahn lebt, wo Freude und Lust nicht gelebt werden darf. Sie werden dazu verpflichtet, ohne Freude und Lust am Leben ihrer Existenz als Pflicht in der Nachfolge zu dienen und zu leben. Nun verstehe ich auch die vielen Problemen der römischen Amtskirche. Christsein bedeutet auch, Freude und Lust am Leben zu leben. Viele Verbote sind doch nichts weiter als eine Folge der tiefen Unzufriedenheit und des Neides. Gewollt und bewusst werden strenge Regeln für die Gesellschaft aufgestellt, die einzuhalten man sich selbst auferlegt, um ein tugendhaftes Bild abzugeben. ***"Der Mensch soll nicht tugendhaft, nur natürlich sein, so wird die Tugend von selbst kommen."*** - Gottfried Keller. Mit Ethik-Richtlinien will die römische Amtskirche das Verhalten ihrer Mitglieder steuern. Das geht bis in den privaten Bereich. ***„Wenn du nicht alles haben kannst, dann kannst du tugendhaft sein.“*** - Donald R. Perry Marquis

Tugendhaftigkeit ist nur dann erstrebenswert, wenn die Tugend Glück heißt. Dieses Glück suchen wir nur allzu oft vergebens in tugendhaften Gesichtern. Das Problem mit unseren Idealen besteht darin: Wenn wir sie erreichen, dann kann man mit uns nicht mehr leben. Oder anders ausgedrückt: Einfachheit umfasst die Freude an all dem Guten, das Gott uns allen gegeben hat. Die Menschen wollen nicht tugendhaft, sie wollen glücklich sein. Zum Glücklichsein gehört die gelebte Sexualität.

Bei der scharfen Kritik an der katholischen Kirche geht es in erster Linie um die Art und Weise, wie sie in der Vergangenheit mit ihr bekannten sexuellen Übergriffen umgegangen ist. Die meisten Missbrauchsfälle, die innerhalb der Kirche bekannt waren, wurden nie zur Anzeige gebracht. In vielen Fällen wurden die betreffenden Geistlichen nur an einen anderen Einsatzort versetzt, blieben aber von weiteren Konsequenzen verschont. Manchmal wurden Geistliche, die sich zuvor bereits an Kindern und Jugendlichen vergriffen hatten, sogar wieder in der Jugendarbeit eingesetzt - eine Tatsache, die besonders großes Unverständnis hervorruft. Die Hauptvorwürfe gegen die katholische Kirche im Zusammenhang mit Fällen des Kindesmissbrauchs betreffen also das Vertuschen der Taten, ihre mangelnde Aufklärung und der in einigen Fällen unverantwortliche Umgang mit Geistlichen, die Missbrauch an Kindern begangen haben oder unter Verdacht standen.

Die Kirche als Ganzes müsste sich ändern. Das versöhnliche Wort des Papstes, zu vielen aktuellen Fragen, das immer mehr Menschen aus Rom erwarten, bleibt aus oder es kommt zu spät. Das Schweigen der Kirche kommt von ihrer Angst vor der Bedeutungslosigkeit. Der Papst, der Bischof von Rom gehört dorthin, wo seine Kirche leidet. ***„Die Kirche steht nicht dort, wo das menschliche Vermögen versagt, an den Grenzen, sondern mitten im Dorf.“***[55] Statt sich um die leidende Kirche zu kümmern, dringende Reformen zu veranlassen, Konsequenzen aus dem Versagen seiner Bischöfe und Geistlichen zu ziehen, wird der Papst in Glanz und Ruhm, in einer königlichen Pracht gefeiert. Die Institution Kirche mag vieles positives gebracht haben, nicht aber eine große Gemeinde derer, die sich nach einem ***schlichten, bescheidenen, lebensnahen*** Papst sehnten. Mit einer zugejubelten begeisterten Massenhysterie wird der Papst gefeiert. Es zeigt deutlich, dass der Papst sich über einen großen Publikumserfolg freuen darf, seine Wirkung dagegen in Sachen Krisenmanagement eher dürftig ausfällt. Unendlich langsam reagiert die katholische Kirche auf den Missbrauchsskandal ihrer Priester. Zudem ist immer wieder festzustellen, dass die katholische Kirche mit der Gewissenhaftigkeit ihrer Priester nicht allzu ernst nimmt. Wer nicht in der Lage zu sein scheint das Amt als Priester und Bischof gewissenhaft auszuüben, der muss vom Amt unverzüglich abberufen und entbunden werden, um den Schaden zu minimieren.

Wo bitte bleibt die Glaubwürdigkeit der Kirche? Die Glaubwürdigkeit der Christen wird an der Liebe gemessen. Und die Berufung ist nicht ein Auftrag, bestimmte Dinge für Gott zu erledigen, sondern die Einladung in eine echte Gemeinschaft. **Ein Priester ist nicht dadurch ein Priester, dass er ein christliches theologisches Programm befolgt. Priester und Christ ist der, weil er mit Jesus Christus gestorben und auferweckt worden ist.** Die Kirche braucht Menschen, die der Kirche trotz allem treu bleiben, um innerhalb der Kirche arbeiten und Gutes tun zu können. Die Kirche braucht dringend Menschen, die frei und offen denken können, die kritisch den Weisungen aus Rom gegenüber- und entgegentreten können; die mutig genug sind, ihr christliches offenes Denken nicht an Paragra-

[55] Dietrich Bonhoeffer

phen und längst überholten Entscheidungen festmachen. Die Gemeinde der Christenheit braucht ganz dringend eine Kraft und eine Zuversicht, um die Schwäche und Versagen so mancher Kirchenoberen ertragen und entgegentreten zu können, um nicht an ihr zu verzweifeln. Wir brauchen Gemeinden, in denen die Kraft des Heiligen Geistes gewollt, erbeten und erfahren wird. So wichtig Institutionen auch sind, sie dürfen und können nicht das wahre Leben ersetzen. Und deshalb braucht die Kirche Menschen mit mutigen Stimmen, die glücklicherweise immer lauter und unüberhörbar werden, die sich zu Recht sorgen und kritisch zu Wort melden. Die Geistlichen aller Konfessionen haben nur den einen Auftrag, die Barmherzigkeit Gottes zu verkündigen. Traditions- und Pflichtbewusstsein mögen durchaus wertvolle Begriffe sein, aber ohne Liebe zu Jesus sind und bleiben sie bedeutungslos. Nur was wirklich aus der Liebe kommt, bleibt bestehen.

FRAUEN IM PRIESTERAMT

Es gibt viele aktuelle, kirchenkritische Fragen, die im Grunde nicht zum Kern unseres Glaubens gehören, aber aufs heißeste die kirchlichen Gemüter erhitzt. Mit Sicherheit gehört dazu die Frage, warum Frauen nicht Priester werden können.

Die Frage wird von der Kirche scheinbar ganz simpel beantwortet: „Weil dies in der Tradition der Kirche nicht vorgesehen ist." Ich kann mir den Aufschrei vieler Christen vorstellen, wenn sie das aus Rom hören. Das klingt so, als wenn jemand sagt: „Es ist so, weil es nun einmal so ist." Und die Reaktion eines kritisch denkenden Menschen darauf ist vorhersehbar: „Wer so denkt, ist ja wohl ein Traditionalist und Fundamentalist erster Güte! Muss denn alles, was einmal so war, für immer so bleiben?!"

Um diese Begründung wirklich zu verstehen, müssen wir uns vor Augen halten, dass das Traditionsargument in der römischen Amtskirche ein völlig anderes ist als in einem gewöhnlichen Verein. Wer sich dort auf eine Tradition beruft, meint wirklich nichts anderes als: „Das haben wir immer so gemacht, also bleibt es dabei!" In der Amtskirche meint Tradition aber etwas anderes: Weitergegeben werden nicht nur menschliche Bräuche, sondern auch das, was Jesus seiner Kirche mitgegeben hat. Wobei zu bemerken ist, dass Jesus niemals eine Kirche gegründet hat und zu keiner Zeit eine Amtskirche wollte. Um einen etwas tieferen Blick in das Traditionsverständnis der Kirche zu einzutauchen, empfehle ich die Katechese „Auf, lasst uns die Kirche ändern!"

Das, was Jesus seiner Nachfolger mitgegeben hat, ist das Fundament unseres Glaubens. Jesus nimmt seine Nachfolger unmittelbar mit hinein in sein Leben und seine Ziele mit dieser Welt. Christ-Sein ist kein zielloser Zustand, ist nicht als eine Art Freizeitpark gedacht.

"Dann gingen die elf Jünger nach Galiläa zu dem Berg, den Jesus ihnen genannt hatte. Als sie ihn sahen, beteten sie ihn an – aber einige zweifelten immer noch. Jesus kam und sagte zu seinen Jüngern: „Mir ist alle Macht im Himmel und auf der Erde gegeben. Darum geht zu allen Völkern und macht sie zu Jüngern. Tauft sie im Namen des Vaters und des Sohnes und des Heiligen Geistes und lehrt sie, alle Gebote zu halten, die ich euch gegeben habe. Und ich versichere euch: Ich bin immer bei euch, bis ans Ende der Zeit." [56]

„Dann sagte Jesus zu seinen Jüngern: „Wer von euch mir nachfolgen will, muss sich selbst verleugnen und sein Kreuz auf sich nehmen und mir nachfolgen. Wer versucht, sein Leben zu behalten, wird es verlieren. Doch wer sein Leben für mich aufgibt, wird das wahre Leben finden. Was nützt es, die ganze Welt zu gewinnen und dabei seine Seele zu verlieren?" [57]

„Und ein anderer sagte: „Ja, Herr, ich will mit dir gehen, aber lass mich zuerst noch von meiner Familie Abschied nehmen." Doch Jesus sagte: „Wer seine Hand an den Pflug legt und dann zurückschaut, ist nicht geeignet für das Reich Gottes." [58]

Christen, Männer und Frauen, sind berufen zur Nachfolge, d.h. zur lebendigen aktiven Nachfolge Jesu. Da spielt das Geschlecht keine Rolle. Alles zu halten was er uns mitgegeben hat ist eine weitreichende Aufgabe, die nur in der Gemeinschaft von verschiedenen Christen und Christinnen möglich wird. Darum hat er jedem Christen und jeder Christin Gaben und Befähigungen gegeben, mit denen er oder sie den anderen dienen soll.

Nachfolge Jesu bedeutet persönliche Veränderung. Der Glaube ist nichts Begriffliches, das meine Person mit allem was dazu gehört so lassen würde, wie sie ist. Glaube ist eine lebendige Kraft, eine heilige Bewegung, die mich vorantreibt und die mich in Gottes Wege mit hineinnimmt. Ich kann dabei mein "altes" Leben nicht festhalten - dann falle ich aus dem Reich Gottes wieder heraus. Ich kann nicht die Welt oder meine private Welt an mich

---

[56] Evangelium nach Matthäus, 28. Kapitel, die Verse 16-20
[57] Evangelium nach Matthäus, 16. Kapitel, die Verse 24-26
[58] Evangelium nach Lukas, 9. Kapitel, die Verse 61-62

reißen, sondern kann nur teilnehmen an der Aussendung des Evangeliums und die Sendung des Reiches Gottes durch die Kraft des Heiligen Geistes. Nachfolge Jesu und Christ-Sein hat einen klaren Auftrag: macht alle zu Jüngern, ob Mann oder Frau. Sagt und predigt das Evangelium so, dass jeder Mensch es verstehen kann. Meidet die theologische Sprache, die meistens hinderlich ist. Predigt das Evangelium so, dass jeder es verstehen kann. Lebt in der Liebe und lebt die Liebe Gottes so, dass jeder sie spürt und davon ergriffen wird. Liebe verändert das Herz! Liebe verändert den Menschen! Lehrt die Inhalte des Glaubens so, dass jeder immer mehr davon versteht und sie in seinem Leben in die Wirklichkeit umsetzen kann - jeden Tag einen Schritt mehr.

Das können und dürfen wir nicht einfach ändern, denn wir sind nicht Gott. Allerdings gibt es in den Traditionen der Amtskirche auch viele menschliche Zutaten: Gewohnheiten, die aus einer Zeit heraus entstanden sind - also nicht göttlichen Ursprungs sind, sondern zeitbedingt. Sogar in der Bibel finden sich solche Zusätze zuhauf - immerhin ist die Bibel in einer bestimmten Zeit von Menschen geschrieben worden, die im Horizont ihrer Zeit gedacht und geglaubt haben.

Die Entscheidungen, ob einzelne Glaubenssätze zeitbedingte menschliche Zutaten sind oder ewigen Wahrheitswert beanspruchen können, beschäftigt die Kirche über die Jahrhunderte hinweg bis heute. Das nennen wir „Theologie" - und es ist gut, dass wir uns damit auseinandersetzen. Denn nur so verstehen und reinigen wir den Glauben der Kirche im Laufe der Zeit immer besser und tiefer.

Natürlich fragen wir uns zu Recht, ob denn die Tatsache, dass Jesus keine Frauen zum Priester eingesetzt hat (der Auffassung der Kirche entsprechend fand diese Einsetzung am Gründonnerstag im Abendmahlssaal statt - und da ist nur der Kreis der Zwölf Apostel anwesend), eine zufällige Tatsache war - oder aber eine verbindliche Vorgabe, die auch noch für heute gilt? Tatsache ist: ***Jesus wollte keine Priester. Jesus war ein Laie! Das Neue Testament kennt weder ein sakrales noch ein allgemeines Priestertum. Mit keinem Wort deutete Jesus an, dass er in seiner Jüngerschaft ein neues Priestertum und einen neuen Opferkult wollte. Er selbst war nicht Priester, auch keiner der 'Zwölf', keiner der Apostel, auch Paulus nicht. Ebenso wenig soll es nach den übrigen Schriften des Neuen Testamentes ein neues Priestertum geben.***

In dem Maße, wie das schlichte Abendmahl zur Eucharistie wurde, zu einem (unblutigen) Opfer, brauchte es wieder den Priester - allerdings noch nicht als Beruf und ohne Weihe.

Und: "Vierhundert Jahre lang war eine 'Priesterweihe' im heutigen Sinne für den Vollzug der Eucharistie nicht erforderlich." Doch: "Seit dem 5. Jahrhundert erfordert die Feier der Eucharistie die Mitwirkung eines sakramental geweihten Priesters.

Seit dem 5. Jahrhundert bahnt sich auch die Vorstellung an, die Priesterweihe präge ihrem Empfänger ein unauslöschliches Merkmal auf. ... Vierhundert Jahre lang waren es - nach unserem Sprachgebrauch - 'Laien', die der Eucharistie vorstanden. Dies zeigt, dass ein sakramental geweihter Priester nicht erforderlich ist und weder biblisch noch dogmatisch begründet werden kann." [59]

Faktum ist, Jesus wollte nicht Christen erster und zweiter Klasse.

Haag[60]: *"Kein Amt in der Kirche lässt sich auf Jesus zurückführen. In der Theologie ist man sich einig darüber, dass Jesus keine Kirche gründen wollte. Deshalb kann er auch unmöglich eine bestimmte Struktur dieser Kirche gewollt haben."* Und: ***"Wir müssen wegkommen von einer Zweiteilung der Kirche in Klerus [von gr. kleros = Landbesitz, d. Red.] und Laien, für die sich im Evangelium keine Stütze findet. Schon Matthäus wendet sich gegen ein aufkommendes Standesdenken, das die Brüderlichkeit untergräbt: 'Ihr aber sollt euch nicht Rabbi*** (d.h. Meister, Lehrer) ***nennen lassen; denn einer ist euer Meister; ihr alle sein aber Brüder (und Schwestern). Und niemand auf Erden sollt ihr euren Vater nennen; denn einer ist euer Vater, der im Himmel ist.'"*** [61]

Abschließend ist zu sagen, dass sich am Verhältnis von katholischer Kirche und von Frauen dringend etwas ändern muss. An erster Stelle ist anzumerken, dass gesellschaftliche Umbrüche sich stets auch auf Kirchen auswirken.

Die Evangelien belegen eindeutig, dass Frauen und Männer für Jesus gleichwertig waren. Beide erlangen aufgrund der Taufe Zugang zum „Reich Gottes", während im Alten Testament nur Männer beschnitten wurden (und dadurch an erster Stelle Zutritt zum Bund Jahwes mit den Menschen hatten). Warum wählte Jesus dann aber nur Männer aus für die Gruppe der 'Zwölf (Apostel)'? Wahrscheinlich aus praktischen, gesellschaftlichen Gründen, so wie er auch nur Juden auswählte. Es wäre völlig falsch, daraus zu schließen, dass Jesus damit eine „Gesetzmäßigkeit" für alle zukünftigen Zeiten aufstellen wollte. Wie in vielerlei anderen Fällen überließ Jesus die Ausgestaltung der Sakramente der späteren

[59] Professor für katholische Theologie, Herbert Haag
[60] Professor für katholische Theologie, Herbert Haag
[61] Evangelium nach Matthäus, Kapitel 23, Vers 8 und 9

Kirche. ***Die sogenannte 'Tradition' des Ausschlusses der Frau von der Ordination erweist sich somit als falsche Tradition.*** Eine echte und gültige kirchliche Tradition muss auf stichhaltigen Gründen basieren.

Wie der hl. Cyprian mit Recht betonte: „Ein Brauch ohne Wahrheit (oder Echtheit) ist nichts anderes als ein alter Irrtum!" (Briefe 74,9).

Wenn wir die Geschichte der Kirche sorgfältig untersuchen, entdecken wir eine 'latente' und 'dynamische' Tradition, die die Möglichkeit der Frauenordination implizierte. ***Wirkliche Katholikinnen und Katholiken wussten immer in ihrem Innersten, dass Frauenordination nicht im Widerspruch zu Christi Willen steht.*** So wie echte Katholiken immer gewusst haben, dass Sklaverei der Gesinnung Christi widerspricht, ungeachtet dessen, was die offizielle Kirche - Päpste, Theologen und Kirchengesetze - dazu als katholische Lehre vertrat.

Die echte Tradition war oft 'verborgen', das heißt: sie wurde implizit und unbewusst weitergegeben. Diese latente Tradition zeigte sich darin, dass in der Vergangenheit bereits einige Frauen zu Priesterinnen ordiniert wurden; dass Marias 'priesterliche' Funktionen erkannt wurden, dass Frauen die Sakramente Taufe und Ehe spenden (können); sie zeigte sich ferner in dem ungebrochenen Bewusstsein von der Gleichheit von Frauen und Männern 'in Christus', trotz der offiziellen kirchlichen Praxis und Lehre. **Theologen im Vatikan führen als Argument an, dass Christus, da er Mann war, auch nur von einem männlichen Priester bei der Eucharistie repräsentiert werden kann.** Das Argument geht auf mittelalterliche Theologen zurück, die, wie wir gesehen haben, jede Frau als 'missratenen Mann' betrachteten. Dann wundert es nicht, dass sie dachten, dass nur ein vollkommener Mensch - ein männlicher Priester - Christus repräsentieren kann. Die moderne Version dieses Arguments ist ebenso falsch. Es widerspricht katholischer Lehre: ***Als angenommene Kinder Gottes tragen Frauen ebenfalls Christi Bild in sich.*** Bei der Spendung von Taufe und Ehe repräsentieren Frauen genauso Christus. Bei der Eucharistie wird durch den Priester nicht Christi männliches oder weibliches Geschlecht repräsentiert, ***sondern seine Hingabe in Liebe.***

Die bestehende Verwirrung wurde durch die vatikanische Kirchenleitung noch dadurch vergrößert, dass der Anspruch erhoben wurde, dass die Frage bereits als '***unfehlbar***' entschieden wurde - nicht durch den Papst, sondern durch das sogenannte 'ordentliche universale Lehramt'. Dies bezieht sich auf die kollektive Lehrautorität aller Bischöfe in der

Welt. Die vatikanische Kirchenleitung scheint anzunehmen, dass die Bischöfe ihre einhellige Zustimmung in dieser Angelegenheit ausgedrückt haben, da sie im allgemeinen keine Frauen zu Priestern ordinieren und da sie zu dieser Frage im allgemeinen geschwiegen haben.

Es steht jedoch fest, dass die Bedingungen für solch eine 'unfehlbare' Ausübung von Autorität nicht erfüllt sind. ***Die Bischöfe müssen auf das Wort Gottes hören und auf den 'sensus fidelium' (d.h. was gläubige Katholikinnen und Katholiken in ihrem Innersten für wahr und richtig halten).*** Die Bischöfe müssen ihre Autorität als ein Kollegium ausüben. Sie müssen frei sein, ihre eigenen Überlegungen auszudrücken. Der gegenwärtige Konflikt in der Kirche in Bezug auf die Frauenordination sollte uns nicht allzu viel beunruhigen. Konflikte und Krisen gehen der Weiterentwicklung voraus. Die offizielle Kirche wird zur Besinnung kommen, wie sie es auch in vielen anderen Fällen getan hat. Aber, solange diese Streitfrage noch nicht geklärt ist, dürfen wir unsere Pflicht als verantwortliche Christen und Christinnen nicht vernachlässigen: Wir müssen uns zu Wort melden - bis die Intention Christi in der Ordination von Frauen in der katholischen Kirche vollkommen verwirklicht ist.

Steht der Amtskirche nicht schon das Wasser bis zum Hals, die nicht mehr zu verstehen ist? Warum beharrt sie erbittert auf Dingen, die der Seelsorge nicht behilflich sind? Die Vorzeigefrau der Kirche, die wundervolle Mutter Teresa wird von der Kirche benutzt als Alibifrau. Hätte sie zu Lebzeiten irgendwann das Priesteramt angestrebt, wäre sie sehr schnell aus den kirchlichen Nachrichten verschwunden. ***Jesus selbst und auch die Apostel hätten Frauen viel verantwortlicher in ihre Arbeit und Verkündigung einbezogen.*** Warum hat die Kirche davor Angst, Frauen ins Priesteramt zu berufen? Heißt es nicht: „Vor Gott sind alle Menschen gleich?“ Alle Menschen sind Brüder und Schwestern und vor Gott gleich. Alle Menschen sind frei und gleich an Würde und Rechten geboren. Kleinliche Menschen haben sich einen kleinlichen Gott geschaffen.

DIE HEILIGE CHRISTLICHE KIRCHE

Die römische Amtskirche sieht sich sehr gerne in einer Mutterrolle. Sie selbst bezeichnet sich als die „Mutterkirche“, festgeründet, sicher und unfehlbar. Im Schoß der Mutterkirche kann man die Stöße des Lebens leichter überstehen. Priester in wunderschönen Gewändern, mächtig und prächtig gekleidet wie ein König, zu vergeben und zu strafen und sind zugleich in weltlichen Fragen Ratgeber. Man muss nur an die Kirche glauben, dann übernimmt sie auch die Gewissensbisse. Das „Gott-Nachdenken“ überlässt man den theologischen Fachleuten. Die katholische Kirche versteht sich als Hüter der Tradition. In diesem unbedingten Anspruch liegt sicherlich eine ihrer Stärken. In manchen Bereichen allerdings begründet genau dieses starre Festhalten am Althergebrachten ihre Schwäche und ihr Versagen. Die Geschichte der Kirche ist voll Licht und Schatten wie die Menschheitsgeschichte überhaupt. Die Kirche sündigt, wie wir in all den Skandalen sehen konnten. Sie hat Schätze angehäuft und Kriege geführt und Gewissen geängstigt. Auch die Kirche braucht viel Vergebung!

Sicher braucht die Kirche auch Ämter und Gebäude, Formen und Ordnungen. Hieraus entsteht und entstand eine Institution, etwas Festgelegtes, das nicht durch neue spontane Absprachen hergestellt wird, sondern aus einem Rhythmus in Wiederholung geschieht. Es wächst eine Ordnung, die trägt. Wenn wir heute auf die beiden Amtskirchen blicken, dann kann man schon Respekt bekommen vor den straff geführten Kirchenorganisationen, und manchmal kann man auch Angst bekommen. Ich möchte die Amtskirche nicht geringachten, nein im Gegenteil! Wir leben heute in einer Wahrheit, die wir nicht erfunden haben, sondern die uns bis heute geprägt hat. Jesus verkündete das Kommen des Reiches Gottes, nicht aber, eine Institution Kirche, eine Verwaltungskirche, die aus Priester- und Pastoren besteht mit Pensionsanspruch. Jesus wollte keine Intuition Kirche, die schöne Gottesdienste zelebrieren, die so manch einer besucht wie eine Theateraufführung. Jesus wollte eine glaubensstarke, liebesfähige und eine hoffnungsvolle Gemeinschaft, die im Heiligen Geist wächst. Und alles, was nicht der Erbauung, der Liebe Gottes dient, eher hindert, muss abgeschafft werden.

Wir brauchen eine Kirche, die das Evangelium und das Reich Gottes verkündet und bewahrt. Eine lebendige Kirche, die die Menschen, alle Menschen, nicht aufgibt und ausgrenzt. Eine liebevolle Kirche, die den Menschen etwas zugeben hat, nämlich das Evangelium von Jesus Christus, von den vielen biblischen Geschichten, den Glauben an Gott, den wundervollen Schöpfer. Wir brauchen eine ermutigende Kirche, die Verantwortung abgibt und die zur Freiheit und Eigenverantwortlichkeit ermutigt, dass sie niemanden von Seiner Liebe und von seinem Abendmahl ausschließt, die homosexuell liebenden Menschen, die Geschiedenen, Frauen und Männer, die anders denken, leben und fühlen. Wir brauchen Priester und Priesterinnen, die vor allem auf der Seite der Leidenden zu finden sind, die jedem Menschen Hoffnung für das zeitliche und ewige Leben zusprechen. Ich wünsche mir eine lebendige offene Kirche, die sich nicht vereinnahmen lässt von kirchlichen Machtstrukturen, von Ideologien und Gruppeninteressen, sondern die der Liebe Gottes vertraut, die über alle unsere Grenzen hinweg jedem Menschen, Frauen und Männer, unwiderruflich gilt. Und alles, was nicht der Erbauung, der Liebe Gottes dient, eher hindert, wie Starre und Verkrustung in Amtlichkeit und Bürokratie, muss abgeschafft werden. Ich wünsche mir eine lebendige Kirche, die es nicht fehlen lässt zu den Menschen zu gehen und an Weitblick. Ich wünsche mir eine Kirche, die durch ihr lebendiges und authentisches Auftreten zeigt und spüren lässt, dass der christliche Glaube eine heutige Bedeutung haben kann, für jeden Einzelnen und für eine Gemeinschaft. Ich wünsche mir eine fragende und suchende Kirche. Als lehrende und belehrende Kirche haben wir keine Chance. Außerdem wünsche ich mir, dass möglichst viele Menschen von den Angeboten und Botschaften unserer Kirche erreicht werden. Ich wünsche mir, dass Menschen sich in unserer Kirche ernst genommen fühlen, dass sie sich in ihrer jeweiligen Lebenssituation wieder finden. Ich wünsche mir die Kirche als lebendigen Ort, einen Ort an dem sich Alt und Jung gleichermaßen wohlfühlen. Ich wünsche mir eine Kirche, in der die Freude des Evangeliums gelebt und zur Orientierung für den Einzelnen und die Gesellschaft wird.

Diese Kirche braucht keine Priester, Pfarrer und Theologen, keine Stellvertreter Christi.

Jesus rief: ***"Weh euch, ihr Heuchler, die ihr seid wie die übertünchten Gräber, die von außen hübsch aussehen, aber innen sind sie voller Totengebeine und lauter Unrat"***[62]. Er sagte auch ***"Weshalb seid ihr auf das Feld hinausgegangen? Um einen Menschen zu sehen, der hübsche Kleider trägt wie eure Könige und eure Mächtigen? Diese sind es, die hübsche Kleider tragen, und sie werden nicht in der Lage sein, die Wahrheit zu erkennen." "Wer sich selbst erhöht, der wird erniedrigt; und wer sich selbst erniedrigt, der wird erhöht"***[63]. Jesus sagte über Priester und Theologen: ***"Sie knebeln euch mit unerfüllbaren religiösen Forderungen und tun nicht das***

[62] Evangelium nach Matthäus 23. Kapitel, Vers 27
[63] Evangelium nach Matthäus 23. Kapitel, Vers 12

Geringste, um euch die Last zu erleichtern'[64]. Und: ***"Und wie sie es lieben, bei Festessen am Kopfende des Tisches auf dem Ehrenplatz zu sitzen und in der Synagoge auf den besten Plätzen".***[65] Jesus warnte auch vor den Heuchlern, "***die gern in den Synagogen und an den Straßenecken stehen und beten, damit sie von den Leuten gesehen werden.'***[66]

In der Kirche Jesu Christi ist jeder Mensch herzlich Willkommen. Die Zugehörigkeit zu einer Religion oder Konfession spielt hier ebenso wenig eine Rolle wie Hautfarbe und Staatsangehörigkeit. Es gibt keinerlei Machtstrukturen und Rangordnungen. Jeder Mensch ist hier gleich. Wir kommen hierher so gleich, wie wir auf diese Welt gekommen sind und wie wir von dieser Welt wieder gehen werden.

Unsere Kirche braucht unsere Unterstützung jetzt mehr denn je. Sie braucht unsere ganze Solidarität! Auftreten statt austreten! Wir brauchen einen dringenden offenen Dialog über Reformen, die längst überfällig sind. Der Druck wird immer größer. Viele Menschen haben das Vertrauen in die Amtskirche verloren. Jetzt ist es an der Zeit zu handeln und aktiv zu werden. Die Lösung liegt in einer geistigen Erneuerung! Dringende Reformen ist eine der vordringlichsten Aufgaben der Kirche in der heutigen modernen Zeit! Die heutige Reform hat auch die Aufgabe, dem Gläubigenmangel, dem Mangel an glaubenden Menschen zu begegnen.

Ich wünsche mir eine Kirche, die durch ihr lebendiges und authentisches Auftreten zeigt und spüren lässt, dass der christliche Glaube eine aktuelle Bedeutung haben kann, für jeden Einzelnen und für eine Gemeinschaft. Ich wünsche mir eine liebende und eine barmherzige Kirche, die in der Nachfolge Jesu lebt und Grenzen überschreiten kann, wo der Mensch im Vordergrund steht und nicht Amt und Würde und Kirchenzugehörigkeit!

---

[64] Evangelium nach Matthäus 23. Kapitel, Vers 4
[65] Evangelium nach Matthäus 23. Kapitel, Vers 6
[66] Evangelium nach Matthäus 6. Kapitel, Vers 5

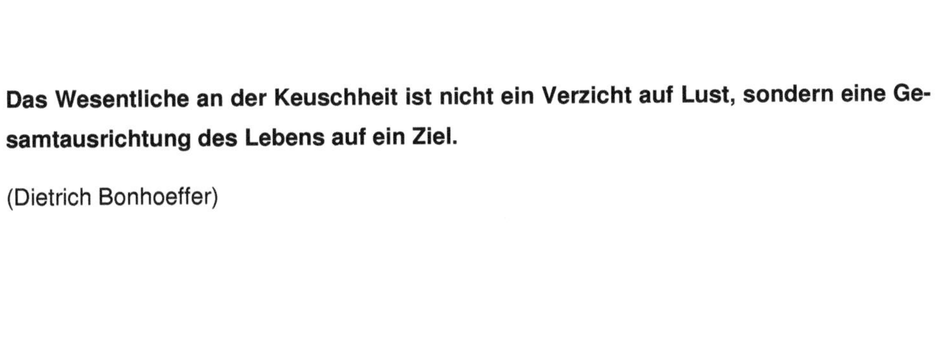

Das Wesentliche an der Keuschheit ist nicht ein Verzicht auf Lust, sondern eine Gesamtausrichtung des Lebens auf ein Ziel.

(Dietrich Bonhoeffer)

Der Tag wird kommen, an dem wieder Menschen berufen werden, das Wort Gottes so auszusprechen und so zu leben, dass sich die Welt darunter verändert und erneuert.

(nach Dietrich Bonhoeffer)

Printed by Books on Demand GmbH, Norderstedt / Germany